Im Sommer 1831 reist der sechsundzwanzigjährige Hans Christian Andersen durch Deutschland. Die erste Auslandsreise seines Lebens führt ihn von Lübeck über Hamburg, Braunschweig, Goslar, Leipzig und Dresden bis Berlin, er erlebt die Naturlandschaften der Lüneburger Heide, des Harzes und der Sächsischen Schweiz. Für den jungen Autor werden die Reise, das damit verbundene Naturerlebnis und die Begegnungen und Kontakte zu einer zentralen Erfahrung in seiner persönlichen und künstlerischen Entwicklung. Von den Stationen und Ereignissen der Reise erzählt Andersen in einem Ton, den wir nur allzu gut aus seinen Märchen kennen. Allerdings unterlaufen politisch-satirische Spitzen, religiöse Sottisen, erotische Doppeldeutigkeiten und sehr persönliche Bemerkungen immer wieder den märchenhaft-romantischen Grundcharakter seiner Reiseeindrücke. Um zahlreiche Passagen gerade dieser Art kürzte Andersen seine »Schattenbilder«, als sie zwanzig Jahre nach Erscheinen in die deutschen und dänischen Gesamtausgaben aufgenommen wurden – zurück blieb ein braver und ungefährlicher Text. Die nun als insel taschenbuch erscheinende Ausgabe wurde anhand der Originalausgabe von 1831 ergänzt und korrigiert. Zum ersten Mal liegt damit eine vollständige und ungekürzte deutsche Übersetzung des Reiseberichts von Hans Christian Andersens erster Deutschlandreise vor.

insel taschenbuch 2818

Hans Christian Andersen

Schattenbilder

Hans Christian Andersen

Schattenbilder von einer Reise in den Harz, die Sächsische Schweiz etc. etc. im Sommer 1831

Herausgegeben von Ulrich Sonnenberg
Mit zahlreichen
zeitgenössischen Abbildungen

Insel Verlag

insel taschenbuch 2818
Originalausgabe
Erste Auflage 2002

Hinweise zu dieser Ausgabe am Schluß des Bandes
Vertrieb durch den Suhrkamp Taschenbuch Verlag
Umschlag nach Entwürfen von Willy Fleckhaus
Satz: Hümmer GmbH, Waldbüttelbrunn
Druck: Nomos Verlagsgesellschaft, Baden-Baden
Printed in Germany

1 2 3 4 5 6 – 07 06 05 04 03 02

Inhaltsverzeichnis

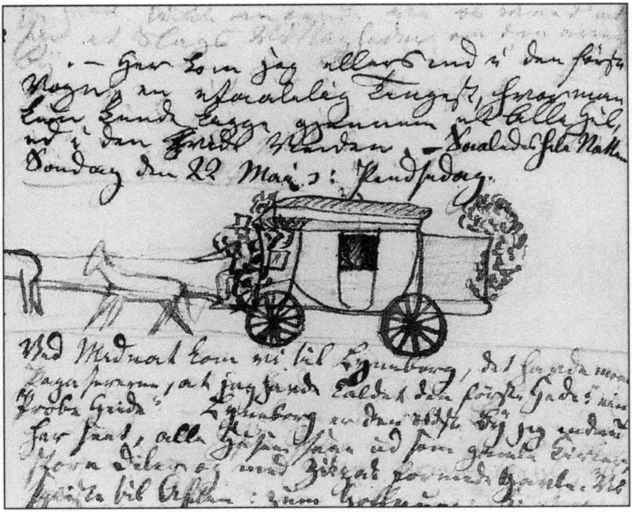

Bleistiftzeichnung aus Andersens Reisetagebuch, 1831:
In der Lüneburger Heide

I.

Keine Vorrede. Das Meer. Die Trave. Lübeck.
Die Marienkirche. Der Totentanz. Wandsbeck.

»Wenn einer eine Reise tut,
So kann er was erzählen«,
sagt Claudius, etwas anderes bleibt es aber immer, ob jemand ihm zuhören will.

Wir leben in einer Zeit, wo große Weltereignisse einander Schlag auf Schlag folgen, wo sich in einem Jahre mehr zuträgt als früher in ganzen Dezennien; Meteor folgt auf Meteor am politischen Himmel, wo will man da Zeit hernehmen, der einzelnen aufstrebenden Psyche Aufmerksamkeit zuzuwenden? – Die Welt ist jetzt im Stadium des Handelns, sie arbeitet dem künftigen Dichtergeschlecht vor, das unsere Jetztzeit unsterblich machen soll. Aber wenn die Flügel wachsen, dann will der Vogel auch fliegen, und mag es Krieg oder Frieden, Hochzeit oder Begräbnis geben, er singt sein Lied, bis sein Dichterherz bricht; es gibt immer noch die eine oder andere verwandte Seele, die mitten im großen Weltgetümmel an seinen Tönen sich labt, und mehr kann der kleine Himmelsbürger ja nicht verlangen. Ist es nun aber ein eitler Vogel, und das sind die meisten jungen Dichter, so will er Zuhörer anziehen, will originell sein und zwitschert dann oft mit einem ganz andern Schnabel als mit dem, den unser Herrgott ihm gegeben hat; das hilft wirklich zuweilen! Je barocker das poetische Geschrei wird, desto mehr wird darauf gehört; er sammelt sich ein Publikum; der eine zeigt sich noch origineller als der andere, denn wer will nicht gehört werden, wenn er erst als Sänger aufgetreten ist?

Es erging mir, wenn ich offenherzig sein soll, ganz

ebenso, als ich daran dachte, diese meine Reise zu erzählen: Das soll auf eine originelle Weise geschehen, nahm ich mir vor, und hatte so das Ganze schon arrangiert, noch ehe ich reiste; ich hatte meine Leserinnen und Leser schon plaziert und wollte ihnen nun die ganze Reise dramatisch zum besten geben; ich meinte, daß dies eine ganz neue Art von Reisebeschreibung werden würde. Es sollte ein Reisedrama mit Ouvertüre, Prolog und Zwischenakten werden. In den Zwischenakten sollte das Publikum, im Prolog aber wollte ich selbst satirisch sein. Die Ouvertüre sollte mit vollem Orchester aufgeführt werden, die an dem Zollhause versammelte Volksmenge wollte ich als türkische Musik gebrauchen, die Wellen sollten ein rauschendes Crescendo aufspielen und die Vögel und jungen Damen auf der Langelinie ein weiches Adagio anstimmen. Auf dem Dampfschiffe würde ich wohl Passagiere finden, aus denen ich in aller Eile Instrumente machen könnte, und mein eigenes Herz sollte die Erlaubnis bekommen, ein kleines Harfensolo aufzuführen. So würde meiner Meinung nach in die kleine Ouvertüre von Kopenhagen bis Lübeck Abwechslung genug kommen. Bei Travemünde sollte der Prolog anfangen und das eigentliche Stück bei Lübeck, wo sich dann die Abenteuer szenenweise aneinander anschließen sollten. Eine derartige Reisebeschreibung hatte ich noch nie gesehen, so sollte sie werden – und ich reiste ab.

Fremde Städte mit fremden Menschen folgten einander, es öffnete sich mir zwischen den Bergen eine neue Welt, Gottes herrliche Natur umgab mich, es gab überhaupt keine angenommene Originalität, und doch sah sie ganz originell aus, während sie doch nur sie selbst war. Sollte das nicht im Grunde doch das richtige sein, dachte ich, und ehe mir selbst es recht bewußt war, waren alle diese selbstgeschaffenen, originellen Ideen verraucht, und ich dachte, ich will es geben, wie ich es empfange; wird es nicht originell, so liegt es darin, daß ich selbst eine Kopie bin, und das kann doch nicht gut sein; denn wenn ein Blatt eines Baumes nicht einmal die Kopie des andern ist, sollte da der Mensch es sein in seiner ganzen Natürlichkeit? Ouvertüre, Prolog und Zwischenakte gehen also verloren, aber deswegen kann man nun doch sitzen bleiben; ich will mein Herz öffnen und die bunte Reihe von Bildern zeigen, welche die Reise darin hervorzaubert. Wir spannen kein Tuch an der Wand aus, das macht so viele Umstände, wir haben die weißen Blätter des Buchs, auf diesen stehen nun die Bilder, freilich nur in leichten Umrissen, aber man wird sich daran erinnern müssen, daß es auch nur Schattenbilder der Wirklichkeit sind. Man findet Berge und Ebenen, Städte und Phantasiestücke, selbst einzelne kleine Teile, die in der Eile mit Tinte und Feder hingeworfen wurden. Der Dichter weicht dem Maler nicht!

Ein Vordergrund mit etwas Grün,
Ein Baum – doch schön verlang' ich ihn! –
Die Luft dazu, dann ist's vorbei,
Da hat man gleich 'ne Malerei!
Doch zum Gedicht – was braucht's da mehr?
Hier stell' ich gleich euch eines her.

Doch jetzt fährt das Dampfschiff »Prinzessin Wilhelmine« nach Lübeck.

Die Küste segelt schon! Ob sie sich einen Vorsprung verschaffen will, damit wir ihr nicht davonlaufen? Nein, wir sind's, die segeln! Aus dem Schornstein steigt die schwarze Rauchsäule in die Höhe; die Räder zerteilen den Wasserspiegel, und wir lassen eine lange Furche hinter uns!

»Oh reisen! Reisen!« Das ist doch das glücklichste Los! Und daher reisen wir auch alle. Alles in dem ganzen Universum reist! Selbst der ärmste Mann ist im Besitz des beflügelten Pferdes der Gedanken, und wird dies schwach und alt, dann nimmt ihn doch der Tod mit auf die Reise, die große Reise, die wir alle machen. Die Wellen rollen von Küste zu Küste, die Wolken segeln an dem großen Himmel dahin, und der Vogel fliegt weit über Felder und Auen. Wir reisen alle, selbst die Toten in ihren stillen Gräbern fliegen mit der Erde rund um die Sonne. Ja, »reisen« ist eine fixe Idee des ganzen Universums, aber wir Menschen sind Kinder, wir wollen auch noch »reisen« spielen während unserer und aller Dinge großer natürlicher Reise.

Das Meer lag vor mir wie ein Spiegel, nicht eine Welle kräuselte die große Fläche. Oh, es ist herrlich, so zwischen Himmel und Meer dahinzufliegen, während das Herz seine Sehnsucht und Lust singt und der Geist die bedeutungsvollen, wechselnden Klangfiguren sieht, welche aus diesen Tonwellen entstehen.

Das Herz und das Meer sind doch wunderbar verwandt! Das Meer ist das große Herz der Erdkugel; daher dröhnt es so tief in der stürmischen Nacht, daher erfüllt es unsere Brust mit Wehmut oder Begeisterung, wenn der klare Sternenhimmel, dieses große Bild der Ewigkeit, sich in der ruhigen Fläche zeigt. Himmel und Erde spiegeln sich im Meer wie in unseren Herzen, aber das Menschenherz wird nie so ruhig wie das Meer, wenn erst des Lebens Stürme einmal sein Inneres erschüttert haben. Und doch ist unsere Lebenszeit hier nur eine kurze Zeit im Vergleich mit der großen Welt. In Augenblicken vergessen wir unsere Schmerzen, selbst die tiefsten, in Augenblicken vergißt auch das große Meer seine Stürme, und für einen Welt-

Schiffe auf der Trave bei Lübeck, um 1840

körper sind Wochen und Tage nur Augenblicke. Aber ich werde ja einigermaßen geschwätzig! So erzählte ich auch einmal einem kleinen Kinde, das ich auf meinen Schoß setzte, allerlei Geschichten, die ich selbst hübsch, sehr hübsch, fand. Das Kind sah mich mit großen Augen an; ich glaubte so recht, daß diese Geschichten es glücklich machten, denn ich fing selbst an, mich dabei zu amüsieren, dem kleinen aufmerksamen Kinde etwas zu erzählen. Bei der interessantesten Stelle unterbrach ich mich selbst und fragte: »Was sagst du dazu?«, und das Kind antwortete: »Daß du soviel schwatzest!« Vielleicht geht es mir ebenso mit Dir, verehrter Leser? Aber bedenke, wir sind ja inzwischen auch über die ganze Ostsee gesegelt; wir haben Stevns-Klint mit seiner wandernden Kirche, Møens weiße Kreidefelsen, wo die Wälder schon zu grünen anfangen, und selbst Laaland passiert, wo das rote Feuer in der halbdunkeln Nacht brannte. Die Sonne ist wieder aufgegangen, und das war schön anzusehen, aber die meisten Passagiere schliefen, indem sie wahrscheinlich wie Arv dachten: »Der Morgen ist sehr schön, wenn er nur nicht so früh am Tage käme!«

Endlich kamen sie denn auch, einer nach dem andern, aus der Unterwelt hervor; das Verdeck wurde der freie Konversationssaal, wo man gehen und kommen konnte, wie es einem beliebte; die Gedanken machten es ebenso, und das Herz flüsterte hier dieses, dort jenes, aber ich hörte es wohl.

In dem schaukelnden Boot, auf dem wogenden Meer,
Da schifft' ich mit meinem Liebchen daher;
Begeisternde Lust!
Sie lehnte ihr Haupt an die schwellende Brust,

Und ich, ich schlang um sie meinen Arm,
Ich fühlte die Küsse so innig und warm,
Die der Liebe Lust mir stillten,
Wie die Segel vom Winde sich füllten;
Und die Hand mir drückend gelobte aufs Neu'
Sie mit Augen und Lippen mir ewige Treu'.
Wir schieden – und Schmerz nur zeigte ihr Blick,
Ich blieb im schaukelnden Boote zurück.
– Gott weiß, ob ich längst nicht vergessen schon wurde,
Das wäre doch hart!

Auf der spiegelklaren Meeresfläche muß das Herz von seiner Liebe träumen! Es gibt nichts in der ganzen Natur, was dieses heilige Mysterium des Lebens mehr verkörpert als das große, herrliche Meer, das wie der Himmel die ganze Erde umschlingt und in seiner ruhigen Fläche das Unendliche zeigt. Die Liebe ist auch eine Tiefe, wie das Meer, auf dessen Grund Leben und Tod wohnen, während die Hoffnung ihre reichbeladenen Gallionen von Küste zu Küste steuern läßt.

Ich blickte auf das große Meer hinaus und fühlte mich glücklich, ein Berliner stand neben mir und machte Berliner Witze – auch er fühlte sich glücklich! Das Dampfschiff ging rasch vorwärts, wir näherten uns dem Lande, und nun – nun wurden die andern ebenfalls glücklich!

Es fehlte aber nicht viel, und wir hätten die Einfahrt in die Trave nicht gefunden; ein dicker Nebel hatte sich über die Küste gelegt, aber das Glück war mit uns, wir trafen die rechte Stelle, kamen hinein, und nun lag das ganze Nebelland hinter uns.

Es kam uns vor, als wäre ein Vorhang aufgerollt. Im Vordergrund lagen das hübsche Badehaus und der hohe

Leuchtturm, rundherum erstreckten sich grüne Felder und Wälder, und die warme Sonnenluft strömte uns entgegen. Zu Hause in Dänemark fingen die Bäume erst an zu knospen, als wir gestern abfuhren – welch eigenartiger Übergang! Links erstreckte sich die Halbinsel Priwall, wo das Vieh bis an den Bauch ins Meer hineinwatete, und zeigte uns ein lebendiges Pottersches Gemälde mit dem großen Lufthintergrund und den herrlichen Tiergruppen. Rechts lag Travemünde mit seinen roten Dächern, aus allen Fenstern schauten Männer- und Mädchengesichter hervor, die in der Ferne recht hübsch aussahen. Ach ja, »die Ferne!« ist doch des Lebens magisches Zauberland, die geistige Fata Morgana, die jedesmal verschwindet, wenn man sich ihr nähert. In der Ferne liegen die Träume der Kindheit und die Hoffnungen des Lebens, in der Ferne werden die Runzeln von der durchfurchten Stirn geglättet und steht das graue Mütterchen wie ein vor Gesundheit strotzendes junges Mädchen da. Vielleicht war dies auch hier mit den Schönen von Travemünde der Fall.

Die Trave wurde nun schmaler, das Dampfschiff schien beinahe ihre ganze Breite einnehmen zu wollen. Bald sahen wir das siebentürmige Lübeck aus Wäldern und Wiesen hervortauchen, aber es spielte gar wunderlich Verstekken mit uns, bald war es hier, bald da – und bald, »ja, wo ist denn der Schreiber geblieben?«, lag es unter dem grünen Tisch, den die Natur hier mit Wäldern und saftigen Grasweiden gedeckt hat. Durch die vielen Krümmungen des Flusses weiß man nicht recht, ob man nach der Stadt hin- oder von ihr fortreist. So segeln auch wir auf des Lebens großem Strom, wo wir dann so kindisch sind, in Tränen auszubrechen, ja an dem Steuermann zu verzweifeln, weil das Ziel unserer Wünsche, ebenso wie Lübeck, Verstecken mit uns spielt; es ist doch der rechte Weg, den wir gehen, aber wir kennen nicht den Lauf des Stroms, da wir des Lebens Trave nur einmal hinaufsegeln.

Welch ein wechselndes Gemälde! Welch eine lebendige Idylle ist nicht die ganze Gegend! Hier macht der Fluß eine kleine Krümmung; dort ist ein Fischerdorf, wo die Netze zwischen den Bäumen in der Sonne aufgehängt sind; dort auf dem Berge erhebt sich ein Städtchen mit seiner Kirche, und auf dem Fluß selbst, zwischen dem grünen Schilf, braust das Dampfschiff dahin, das unter anderem einen Poeten an Bord hat. Und wo ein Poet ist, setzt die Natur immer ihr bestes Gesicht auf, denn die Natur ist eine Dame, sie ist eine alte Dame, sie war schon lange vor Methusalem da und will also gern gefallen, gern bewundert und – was an dieser Stelle am wirksamsten ist – gern besungen werden! – Aber ich habe mich entschieden, daß sie jetzt kein Lied bekommen soll, also bekommt sie auch keines!

»Jetzt muß man Deutsch sprechen!« sagte ich, als ich mit einem Bein auf der Landeplanke in Lübeck stand und spürte, wie mir die deutsche Luft direkt ins Gesicht blies. Rundherum in den Büschen sangen uns die Vögel ein einziges Willkommenslied, ganz auf dänisch, ganz wie bei uns daheim! Die dachten wohl, wir seien der deutschen Sprache nicht mächtig. Daher gab es auch nicht einen einzigen Passagier, der ihnen dafür dankte.

Was mich darüber hinaus besonders überraschte, war, daß die ganz kleinen lübschen Kinder Deutsch sprachen, und zwar viel besser als ich, der doch gerade in diesem Fach im Examen so gut dagestanden hatte. »Das müssen kluge Kinder sein!« dachte ich, »so klein und doch so tüchtig im Deutschen!« – Mir kam sofort das bekannt kluge Kind aus Lübeck in den Sinn, das 1722 während einer

Audienz bei Frederik IV. und wer da sonst noch zugegen war sagte: »Allerdurchlauchtigster, großmächtigster König, allergnädigster König und Herr! Glückselig ist dieser Tag, an dem mir schwachem Säugling die alleruntertänigste Devotion widerfährt, Ihre Königliche Majestät zu adorieren usw.« – und zuletzt »permettez moi Sir! Que je base la main de votre Majesté & le bord de votre habit royal!«. Danach war er durstig, und ihm wurde gestattet, die Brust zu bekommen. – Dies ist bekanntlich eine vollkommen wahre Geschichte.

Gott weiß, ob auch die übrigen lübschen Kinder so firm im Französischen sind wie dieser »schwache Säugling«, zumindest mir schienen sie recht tüchtig auszusehen.

Durch ein altes gewölbtes Tor, mit dicken Mauern an beiden Seiten, traten wir nun in die freie Hansestadt ein.

Lübeck

Hier zwischen den Häusern mit den spitzen Giebeln, in den engen Seitengäßchen und in der Erinnerung, die ein historisches Gewand über das Ganze wirft, glaubt man sich Jahrhunderte in der Zeit zurückversetzt. Diese eckigen Gebäude, diese steinernen Helden auf dem Rathaus und die gemalten Fensterscheiben an der alten Kirche, an der wir vorbeikamen, sahen ebenso aus als Jürgen Wullenweber hier noch ein kräftiges Wort mitsprechen konnte. Daß die Kirchen hier offenstehen, erinnert auch an den Katholizismus, und manches Bild aus jener Zeit ergreift uns durch seine poetische Idee oder sein Alter, obgleich es kein Kunstwerk ist.

Ich war in der Marienkirche, sah das berühmte astronomische Uhrwerk und den noch berühmteren Zyklus von

Gemälden, »Totentanz« genannt. Jeden Stand, jedes Alter, vom Papst bis zum Kinde in der Wiege, sieht man hier zum Kotillon des Todes geladen, und alle im Kostüm der Zeit, in der sie gemalt wurden, es soll im Jahr 1463 gewesen sein. Unter jeder Figur steht ein plattdeutscher Vers, ein Dialog der Tanzenden, allerdings sind es nicht die ursprünglichen alten Reime, sondern ein jüngerer poetischer Versuch aus dem Jahre 1701. Es kam mir vor, als ob der Maler ein ironisches Lächeln in die Gesichtszüge des tanzenden Gerippes gelegt hätte, das zu mir und der ganzen Gesellschaft, die hier Bemerkungen über ihn machte, sagen zu wollen schien: »Ihr glaubt jetzt, daß Ihr still steht, oder höchstens in der Marienkirche umherspaziert und Euch die alten Gemälde anseht. Euch hat der Tod noch nicht zum Tanz aufgefordert, und dennoch tanzt Ihr schon alle mit mir! Von der Wiege an beginnt schon der große Tanz. Das Leben ist wie eine Lampe, die auch schon zu erlöschen anfängt, sobald sie angezündet wird! So alt wie ein jeder von Euch ist, so viele Jahre habe ich schon mit Euch getanzt, jeder hat seine verschiedenen Touren, und der eine hält den Tanz länger aus als der andere, aber gegen die Morgenstunde brennen die Lichter herunter, und dann sinkt Ihr alle ermüdet in meine Arme – das nennt man sterben.«

Ringsherum an den Mauern standen Epitaphe, und in den Gängen lagen Grabsteine mit unleserlichen Inschriften und halbverwitterten Herren und Frauen; so sah ich einen großen Stein mit einem stattlichen Rittersmann darauf, der das große Schlachtschwert in der Hand hielt und es doch duldete, daß das neue Geschlecht ihm auf die Nase trat und so seine Gesichtszüge und den langen Bart unkenntlich werden ließ. Er und all diese stillen Nachbarn, deren Namen nun verschwunden sind wie die Inschriften, haben sich einmal lustig getummelt in der alten Stadt, spazierten manches Mal auf den grünen Wällen, hörten die Vögel singen und dachten an Unsterblichkeit. – Das alte Rathaus steht noch mit seinen kleinen Türmen und seinem alten Hansesaal; der Markt liegt zwischen demselben und der Kirche, wo ein neues Geschlecht sich durcheinanderdrängt. Aus der Marienkirche ging ich hinaus in die große Gotteskirche, die doch noch ganz anders alt und groß ist. Das nenne ich eine Wölbung! Die predigt sogar, wenn alles andere schweigt. Die Häuser an beiden Seiten der Straße standen da wie Stuhlreihen, wie gekaufte oder gemietete Familienstühle, auf denen auch das Gesinde mit Platz hat. Eine Gewitterwolke, die über uns heraufgezogen war, begann inzwischen ihre Predigt; sie war nur kurz, aber es lag doch sehr viel in dieser Rede.

In der Gesellschaft eines Dänen und zweier Norweger verließ ich am Abend das alte Lübeck; die Sonne ging so schön unter, und der grüne Wald duftete, daß es eine Lust war! Wieviel Poesie kann doch in einem solchen stillen Abend liegen! Die Landstraße – ja, auf ihre Weise war auch sie poetisch, sie schien mir der Weg zum Parnaß zu sein, holperig und uneben. Gott weiß, wie viele ihr entkommen, ohne sich den Hals zu brechen, denn ein Wagen nach dem anderen kippen hier um, ich selbst war einmal nahe dran.

In der Morgenstunde kamen wir jedoch alle mit heilen Gliedern nach Wandsbeck. Hier hat Claudius gelebt und gedichtet; ich dachte an Andreas und Anselmus. Die Sonne schien mir ins Gesicht, so daß mir das Wasser in die Augen trat. Beinahe wäre ich an dem Gebäude, wo das Zahlenlotto gezogen wird, vorbeigefahren, ohne darauf achtzugeben, aber es gibt dennoch Gedanken genug, die wie unselige Geister diese Stelle umschweben und über den verlorenen Mammon jammern. Claudius und das Zahlenlotto – da sind doch zwei Merkwürdigkeiten in einer kleinen Stadt vereint, und unser Herrgott weiß, wie wenig die zusammenpassen! Aber ich will nicht schlecht über die Lotterie sprechen, das Leben selbst ist eine große Lotterie, die wiederum mehrere Unterabteilungen hat, einige davon sind überaus poetisch.

Die Lotterie

Als Einsatz setzt' ich neulich einen Kuß,
Und bat um einen als Gewinn,
Ein Doppeltreffer wurd's, zwei Küsse waren nun das Muß,
Mein junges Herz, in Flammen stand es daraufhin!
An einen Dreier dacht' ich gleich,
Und setzte alle Hoffnung auf das Spiel,
Da sprengte ich die Lotterie – und wurde reich,
Nun gab's Gewinn, so viel, so viel!
So manchen Kuß – besonders in der Jugend Blüte,
Bewahr ihn gut, nicht immer hat das Glück die gleiche Güte.

Aber das kann nur ein verheirateter Mann singen, der Dichter hingegen – ja, er hat das Recht, es niederzuschreiben.

Jetzt sahen wir die Türme Hamburgs; sie erhoben sich hoch in die Luft, als wollten sie sich danach umsehen, ob wir nicht bald kämen, und die Sonne schien auf sie und auf uns, ebenso schön wie bei irgendeinem anderen kaiserlichen Einzug.

II.

Hamburg. Eine einfache Geschichte. Das Theater. Ein Besuch vor der Stadt. Der Traum. Eine Idylle. Die zwei Charaktere.

Ebenso wie Kopenhagen hat sich Hamburg von einem Fischerdorf zu einer großen Stadt entwickelt. – Zwischen armseligen Fischerhütten am Ufer der Elbe ließ Karl der Große die Burgen Hochbuchi und Hammaburg errichten, die unter Otto III. bereits in der Seefahrt bekannte Orte waren. So wuchs die Stadt von einem Kind zu einem Jüngling heran und trat als Mann kraftvoll zwischen die mächtige Hanse.

Ich fühlte ordentlich einen tiefen Respekt vor der alten Stadt, die die engen Straßen und das Menschengedränge beibehalten hatte. Ich glaube, unser Kutscher fuhr uns Straße auf, Straße ab, um uns durch die Größe der Stadt zu imponieren, denn es dauerte eine kleine Ewigkeit, ehe wir ans Hotel de Bavière auf dem neuen Jungfernstieg gelangten, wo wir abstiegen. Hier, im Innern der Stadt selbst, nimmt sich die Stadt herrlich aus, indem die Alster, die groß und breit ist, die Altstadt gleichsam von der Neustadt trennt. Die hohen Türme spiegeln sich auf ihrer Wasserfläche, auf welcher Schwäne dahingleiten und Boote mit geputzten Menschen sich schaukeln. Der Jungfernstieg wimmelt von Spaziergängern, denselben entlang liegt Hotel neben Hotel, deren Türen mit Kellnern, Oberkellnern und Oberkellner von Oberkellnern besetzt sind. Vom Schweizerpavillon her tönt ein Musikchor, und hier und in dem anderen, dem sogenannten Alsterpavillon, sitzen ganze Gruppen von Zeitungs- und Schokoladeverschlingern. Berlin hat nicht eine Straße wie diese! Berlins Unter den Linden fehlt die Wasserpartie, und dies ist und bleibt doch immer ein wichtiges Schönheitsrequisit.

Aber wir wollen uns hier nicht länger aufhalten, sondern den Besuch bis zum Abend aufsparen, wenn alles erleuchtet ist, obgleich es wohl der Mühe lohnt, bei Tage gesehen zu werden. Wir wagen uns hinein ins Gedränge zwischen Droschken, schreienden Trödlern und Kleinhändlern, Blumenmädchen aus den Vierlanden und emsigen Geldmännern der Börse. Es sieht aus, als wäre das Ganze ein Kaufladen, so reiht sich ein Laden an den andern. Die Straßen kreuzen einander, und nach der Elbe zu gibt es einige, wo der Eingang durch einen Hausflur ist und wo kaum ein Mensch, der eine gewisse Körperfülle überschreitet, wohnen kann, ohne für immer darin bleiben zu müssen. Ich steckte den Kopf in einige derselben hinein, wagte aber nicht weiterzugehen, denn es erinnerte mich recht lebhaft an einen Traum, den ich einmal hatte: wie die Häuser in Kopenhagens Østergade, auf der ich spazierenging, ebenfalls zu spazieren anfingen, aber mit den Fronten so aufeinander zu, daß die Straße das Aussehen dieser Hamburger Straßen erhielt, und als sie noch einen Schritt weiter taten, saß ich zwischen den Wänden eingeklemmt und konnte weder vorwärts noch rückwärts, was ziemlich unbehaglich war.

Doch eine Menge von Kindern spielt vergnügt darin herum, in dieser halbdunklen Hamburger Welt, und zwei Kleine:

»– mit Krakelschrift,
Malen auf der Erde mit ’nem Stift,
Malen sich ’n Bauernhaus,
Mutter putzt den Vaters raus.«

Hamburg. Blick von der Elbhöhe auf die Stadt, 1825

Die Leiche eines Armen wurde begraben; vier Männer trugen den Sarg, und die Witwe folgte; sie hatten große Mühe, durch die enge Gasse zu kommen, der Weg war schmal; kein Sonnenstrahl fiel auf denselben hinab; erst als sie auf die breitere Straße hinauskamen, schien das Sonnenlicht auf den ärmlichen Sarg. Ich hörte die Geschichte von diesem Begräbnis, poetisch rührend, weil sie Wahrheit ist.

In dem engen Gäßchen hoch oben in einem ebenso engen Kämmerchen lag die Leiche des Armen; die Frau saß und weinte über derselben, sie wußte nicht, wie sie es möglich machen sollte, sie zu begraben; das Fenster stand offen, da flog ein kleiner Kanarienvogel herein und setzte sich am Kopf der Leiche nieder und begann zu singen. Das machte einen wunderbaren Eindruck auf die Frau, sie konnte nicht länger weinen, es kam ihr vor, als ob er von unserm Herrgott herabgekommen sein müsse. Der Vogel war zahm, er ließ sich gleich fangen, und als sie dies nun einer Nachbarin erzählte und ihr den Vogel zeigte, erinnerte die sich, daß sie kurz vorher in einem Zeitungsblatt eine Anzeige über einen entflogenen Kanarienvogel gelesen habe. Es war ebendieser, und da fand die Frau menschenfreundliche Herzen, die ihr den Toten bestatten halfen.

Die Stadt ist von Kanälen durchschnitten; in diesem Stadtteil sah ich mehrere, die mir wie wahrhafte Kloaken aussahen. Hohe Häuser auf beiden Seiten, aber keine Straße, bloß der schmale Kanal, soweit man von den vorgebauten Balkonen sehen konnte. Auf diesen hingen und lagen Dinge von allerlei Art, und tief unten lief, oder, besser gesagt, kroch, das schmutzige Wasser. Einer dieser Balkone oder Schuppen in diesem Chaos war grün angestrichen, und auf demselben saß eine wohlbeleibte Madame am Teetisch und genoß die schöne Natur.

Wie hell und luftig ist doch gegen diese Straßen der Peer Madsens Gang in Kopenhagen! Er würde in Hamburg zu einer sehr ansehnlichen Straße aufsteigen.

Will man übrigens hier im Sommer dem Menschengewühl entgehen, das man fast überall antrifft, will man sich von der Welt losmachen, so muß man ins Theater gehen, da findet man eben nicht viele Menschen; weit auseinander sitzen die blassen Einsiedler in den großen Logen.

Das Haus ist groß und prächtig, vier Etagen und ein Parterre, dessen Gang hinter den Bänken herum so breit ist, daß recht gut eine Galoppade darin getanzt werden kann. Das ganze Innere ist weiß mit vergoldeten Verzierungen und wird von einem prachtvollen Kronleuchter erleuchtet. Man gab den »Freischütz«. Die Dekorationen waren vortrefflich, und namentlich die Wolfsschlucht übertraf im Hinblick auf die Maschinerie und das Arrangement unsere daheim. Es war eine tiefe Felsschlucht, in die der Mond hinabschien, und die roten Irrlichter hüpften in ihrem magischen Rundtanz umher. Aus der Erde schlugen Flammen empor, und der wilde Jäger, eine Lufterscheinung, eine Wolkengruppe, die sich in allerlei wilde Gestalten verwandelte, fuhr über die Szene. Weniger glücklich war ein großer Drache, der sich zeigte und Feuer spie, als er davonfuhr. Ich mußte an »Ulysses von Ithaca« denken. Am Ende des Aktes stieg nicht der leibhaftige Samiel aus der Tiefe herauf, sondern eine fürchterliche Riesengestalt, die die ganze Bühne einnahm; sie ergriff mit ihrer ungeheuren Hand Max und Caspar, der leblos hingestreckt dalag, während das Ganze effektvoll von einem starken, roten Feuer beleuchtet war. Auch war Samiel hier keineswegs gut kostümiert, er sah aus wie ein roter Husar. Eine Demoiselle Gned gastierte als Agathe, sie sang gut und zeigte viel

Schule, vergaß sich aber jedesmal, wenn applaudiert wurde. Meine dänischen Augen und Ohren waren diese deutsche Sitte noch nicht gewohnt, später sah und hörte ich es dann überall. Jedesmal, wenn applaudiert wurde, verneigte sie sich; so etwas muß jeden aus der Illusion herausreißen. Nach der großen Arie mit dem Taschentuch, das hier mit sehr viel studierter Grazie geschwenkt wurde, und als sie sich Max in die Arme werfen wollte, klatschte man, weshalb sie eine Bewegung vorwärts machte, sich verneigte und sich erst dann in die Arme des armen Liebhabers warf, der auf diese Weise ein ganzes Publikum zwischen sich und den Gefühlen der Geliebten hatte.

Kunst ist der Gegensatz von Natur, aber deswegen ist Kunst noch nicht Unnatur, sie ist vielmehr das ideale Bild der Natur; man soll vergessen, daß es Kunst ist; aber wie kann man das, wenn ein Künstler oder eine Künstlerin sich so weit erniedrigt, das Natürliche in der Kunst wegen eines elenden Applauses zu vergessen? Gelobt sei der reinere Geschmack des Himmels und einzelner, die dafür gesorgt haben, daß wir diese Sitte auf unserer Bühne nicht kennen, mit Ausnahme von Konzerten, in denen sich auch diese pantomimischen Prologe und Epiloge finden, die alles in vier Märsche aufteilen: rechts, links, in die Mitte und dann den Retirade-Marsch, der letzte ist wenigstens natürlich!

Als ich das nächste Mal im Theater war, wartete man mir mit einem Melodrama nach dem Französischen auf: »Cardillac oder Das Stadtviertel des Arsenals«. Es ist nach Hoffmanns bekannter Erzählung »Das Fräulein von Scuderi« bearbeitet, eine jämmerliche Komödie! – Olivers Rolle spielte Herr Jacobi, der, wie man erzählt, seine Stiefel und Schuhe von der Hamburger Schusterzunft gratis erhält, weil er den Hans Sachs spielte, weshalb, das begreife ich nicht. Es ist vielleicht der ehrbaren Schusterzunft ergangen wie einem alten Bürgersmann, den ich kannte und der, als er seine Tochter auf einem Liebhabertheater spielen sah, die Hände faltete und sagte: »Unser Herrgott mag wissen, wie ihr das alles einfällt, was sie da sagt!« Sie haben wohl auch geglaubt, daß Jacobi all das Hübsche selbst erdacht hätte, was er sagte, und da sie nun alle Schuhmacher waren, wie Hans Sachs, und vielleicht auch einige von ihnen Poeten (nicht wie Hans Sachs), da haben sie gedacht: »Heute dir, morgen mir! Wer weiß, was Jacobi uns in den Mund legen kann, wenn wir einmal auf die Bühne kommen!«

In den meisten Theaterblättern liest man immer, daß an dem und dem Abend ein herrliches Kleeblatt auf der Bühne zu sehen war: Kleeblätter sind dort also ganz gewöhnlich! Ich fand nur ein zweiblättriges, aber dessen Blätter waren ganz vollendet, lebendig und charakteristisch. Ein Blatt hieß Jost, das andere Madame Mädel. Er spielte den Cardillac, sie Fräulein Scuderis Rolle.

Vom Theater wollten wir zum Botanischen Garten gehen, ich sah also das erste am Abend und das letzte am Morgen, doch die großen Gewächshäuser schienen mir ein passendes Verbindungsglied zwischen dem Theater und der freien Natur zu sein.

Die Lage ist herrlich; man glaubt sich weit weg von Hamburg, und doch liegen bloß der alte Wallgraben und der planierte Wall mit seinen Blumenpartien und Alleen dazwischen. Die Erdbeeren standen voll in der Blüte, und die kleinen Vögel zwitscherten mir aus den Hecken zu: »Merkst du was, du reist gen Süden!«

Wie unwissend ich mich in den großen Gewächshäusern

zwischen den fremden Blumen und Gewächsen fühlte! Mit dabei war eine Dame aus Hamburg, sie hatte das gleiche Problem wie ich, allerdings auch außerhalb der Gewächshäuser. Bei einem großen Blumenbeet entfuhr es ihr: »Wie niedlich! Noch nie habe ich so seltene Blumen gesehen! Sind die aus Amerika?« Nein, leider, es waren nur Feldblumen aus Pöseldorf, nahe bei Hamburg.

Vom Botanischen Garten wanderte ich auf der Palmaille in Altona, wo ich die herrliche Aussicht über die Elbe genoß, und so erreichte ich Ottensen. Der bekannte Baum auf dem Kirchhof fiel mir sogleich in die Augen, ich stand an Klopstocks Grab.

Ich habe einmal von einem reisenden Engländer gelesen, der, als er zum ersten Mal eine katholische Kirchenprozession und das ganze Volk niederknien sah, sich auch unwillkürlich beugte, obgleich er nicht wußte, ob es ein Gott, ein Heiliger oder etwas ganz Menschliches war, vor dem sie niederknieten; es ging mir nun fast ebenso. Ich kenne nur wenig von Klopstock, denn seine Messiade, ich muß es ehrlich gestehen, habe ich niemals gelesen, solch ein großes Heldengedicht hat etwas Abschreckendes für mich! Es war im Grunde mehr Klopstocks Name als seine Werke, der das ernste, tiefe Gefühl hier an seinem Grabe hervorrief. Es war der unsterbliche Name, der mein Herz stärker klopfen ließ.

Gottes freie Natur rief mich weiter hinaus. – Herrliche grüne Gärten liegen die Elbe entlang; ein Dampfschiff glitt stolz auf dem Fluß dahin, und die schwarze Rauchwolke wirbelte über die Wasserfläche. Hier ist es schön! Doch das haben schon Tausende vor mir erzählt. Wer ist nicht in Rainvilles Garten in Blankenese gewesen, wer hat nicht »Die schöne Marianne« usw., usw. gesehen? Ja, alle, die die sächsische Schweiz nicht kennen, sagen, daß es hier sehr ähnlich aussieht. Zumindest die Elbe ist dieselbe, zumal sie hier sogar noch breiter ist!

Die Vögel sangen, und die Blumen nickten freundlich, und zwar in solcher Menge, daß es mir, als ich in der Dämmerung nach Hamburg zurückkehrte, vorkam, als ob sich auf dem ganzen Jungfernstiege nur lustige Vögel und nikkende Blumen hin und her bewegten.

Man soll ja Achtung geben auf das, was man beim ersten Mal, wenn man an einem fremden Ort schläft, träumt, denn das soll etwas zu bedeuten haben. Ich löschte mein Licht, sah noch einmal durch das geöffnete Fenster auf die vielen Spaziergänger hinab, hörte die Musik vom Pavillon, denn der Wind trug die Töne über die Alster, und ging dann zur Ruhe; ich wollte Kräfte sammeln, um weiter hinaus in die Welt zu flattern.

Ich träumte, daß ich ein Vöglein sei,
Da flog übers Meer ich von dannen;
Was im Herzen ich fühlt', was das Auge gewahrt,
Das konnt' ich im Herzen nicht bannen.

Ich sang die Gedanken aus tiefster Brust,
Sang Freuden und Leiden so gerne,
Ich schwang mich über das rauschende Meer,
Und weit in die neblige Ferne.

Da saß ich einst auf 'nem grünen Baum
Und zwitscherte froh meine Lieder,
Und unten war alles von Blumen voll,
Die grüßten so freundlich mich wieder.

Doch eine hat an Farbe und Pracht
Die Schwestern all' übertroffen;
Die blick' ich nur an, der sang ich allein,
Und die Welt stand mir nicht mehr offen.

Bei ihr wollt' ich nisten und wohnen nun,
Ich wollte verlieren die Schwingen,
Und wollte, bis einst mein Herze brach,
Die schönsten Lieder ihr singen.

Sie neigte verschämt im Winde sich,
Ich verstand der Blume Mienen,
Ich verstand den Sinn in der Blume Duft,
Von der Morgensonne beschienen.

Und ich besinn' mich noch ganz genau,
Die Blume fing an zu nicken,
Es war mir, als stände die Liebe mein
Zu lesen in ihren Blicken.

Da kam ein Jäger so jung und schön,
Im Arm den trefflichen Stutzen,
Der pflückte die Blume und steckte sie sich
Ins Knopfloch, fein sich zu putzen.

Zwei Tropfen entfielen der Blume nun,
Ich glaubte, es seien Tränen,
Da sang ich und dachte, dann schießt er dich!
Fing an, nach dem Tod mich zu sehnen.

Noch duftet die Blume so schön wie sonst,
Nachdem sie im Knopfloch gesessen,

Und ich, ich fliege von Ort zu Ort;
O, könnt' ich die Blume vergessen!

Ich traure und singe doch mehr, als sonst,
Sobald mich tragen die Schwingen;
Es kommt wohl einmal ein Jägersmann,
Und schießt mich mitten im Singen!

Aber wir wollen den Vogel fliegen lassen!

Ich war nun schon vier Tage in Hamburg; am Nachmittag ging die sogenannte Postkutsche nach Braunschweig ab. Ich hatte die Nr. 11, aber es waren beinahe zwanzig Passagiere da, die alle mit Mänteln, Schachteln und dergleichen Reise-Attributen an der Hohen Brücke warteten, wo wir einsteigen sollten.

Diese Straße – ja, das war eine echte Hamburger Straße, eng und dunkel, mit ungeheurem Gedränge, Lärmen und Rufen, doch mitten in all ihrer Prosa lag eine kleine idyllische Partie.

Die Seitenhäuser hatten manche Ecken und Vorbauten; zwischen zweien von ihnen war ein kleiner Bretterschuppen aufgeschlagen, der so niedrig war, daß kein Mensch aufrecht darin stehen konnte, und so schmal, daß nur Platz für einen Stuhl war und mehr nicht. Es saß darin ein Paar alte Eheleute, ein Schuhmacher mit seiner Frau. Das Werkzeug lag im Fenster, und zwischen diesem und der hintersten Wand nahm der Mann den ganzen Platz ein, die alte Frau saß dicht an seiner Seite mit ihrem Strickstrumpf, und dann kam die Tür zur Straße; wenn der Mann heraus wollte, mußte sie notwendigerweise erst aus dem Hause treten.

Sie saßen ganz so da wie Puppen in einem kleinen Glasschrank und sahen sehr glücklich aus, schwatzten und lachten, indem sie uns betrachteten, die wir, einer nach dem andern, in den großen Postwagen hineingestopft wurden.

Ich kam in einen Beiwagen, wo meine Gesellschaft aus einem Engländer und zwei Hamburgern bestand, von denen der eine ein Jude war.

»Nun wollen wir mal interessant sein!« war das erste, was er sagte, nachdem er kaum im Wagen Platz genommen hatte, und dazu sah er uns alle sehr vergnügt an.

»Unser Hamburg ist doch eine schöne Stadt, eine reiche Stadt!«, und dann hob er mit einer hohen Fistelstimme an:

»Stadt Hamburg in der Elbe Auen,
Wie bist du stattlich anzuschauen!«

Ich wurde auch ganz vergnügt, indem ich wie der Teufel dachte, wenn es schlechtgeht, »da bekomme ich doch eine Seele! Den kann ich gewiß gebrauchen.« Ich bat Gott in meinem Innersten, daß des jungen Mannes Originalität doch ihre Sonntagsseite herauskehren möge, und in dieser Hoffnung summte ich mit:

»Heil dir, Hammonia!«

So fuhren wir denn aus dem alten Hamburg heraus.

Ich erwähnte den Dichter Heine.

»Heine«, sagte er, »ja, Heine ist ein großer Mann in der Poesie und sein Onkel ein großer Mann an der Börse! Aber ich liebe seine Verse nicht, denn sie sind so kurz. Schwupps, kriegt man eins über die Nase, und dann ist das Gedicht vorbei!«

»Ja«, sagte der andere Hamburger, »er ist immer gleich bei der Hand damit, eins über die Nase zu geben! So hat er auch geschrieben, daß die Römer und Italiener so schöne und regelmäßige Gesichter hätten, wir Deutsche aber ›Kartoffel-Gesichter‹. – Haben wir Kartoffel-Gesichter?« fuhr er fort und zeigte mir sein Gesicht, das allerdings, wenn ich ehrlich sein soll, dieser Frucht nicht so ganz unähnlich war. »Ich möchte um keinen Preis«, fügte er hinzu, »mit einem solchen Menschen reisen; ehe man ein Wort davon wüßte, könnte über einen ein ganzes Buch geschrieben werden!«

»Nummer zwei!« dachte ich, »hier habe ich die zweite Seele!« – Welche Charaktere für meine Reise! Nach und nach werden sie sich entwickeln, sie werden im dritten Kapitel von Nutzen sein.

Unterdessen waren wir bei der ersten Station, aber – da verließen sie uns alle beide, beide Seelen!

Das ist allerdings ein schlimmer Streich für einen Schriftsteller, wenn er so seine beiden ersten Charaktere verliert, ohne sie benutzt zu haben – – – doch wir wollen uns dadurch nicht stören lassen, wir reisen weiter!

III.

Die Vierlande. Der Reisende und der Heidebewohner.
Die Schulmamsell. Lüneburg.
Die Elfen auf der Heide.

Nun waren wir in den Vierlanden; kleine Kanäle kreuzten sich, alles stand im saftigen Grün, die Kirschbäume hatten schon Früchte angesetzt, obwohl es erst der 21. Mai war. Alles um uns herum war ein großer Gemüsegarten, und so ist es auch für Hamburg und die ganze Umgebung.

Dicht am Wege lagen zierliche Häuser, an einzelnen waren die kleinen Fensterscheiben mit Glasmalerei verziert. Kinder, Mädchen und Jungen mit klugen Augen liefen neben dem Wagen her und wollten Blumen verkaufen, wir bekamen für eine Kleinigkeit Sträuße und Kränze.

Eine Reise durch die Vierlande nach dem Harz ist doch ein recht lebendiges Bild von dem ganzen menschlichen Leben! Die fruchtbare, grüne Natur hier, wo die Einwohner ruhig innerhalb der Deiche schlafen, ohne von dem unruhigen Strome zu träumen, der jeden Augenblick über sie hereinbrechen kann, kam mir vor wie die glückliche, lebensfrische Jugendwelt, wo auch überall Kirschen und Pflaumen, große Feuerbohnen und bunte Blumen wachsen. Aber kaum sind wir aus diesem glücklichen Lande herausgekommen, über den Elbstrom der Wirklichkeit, da liegt des Lebens große Lüneburger Heide vor uns, die im übrigen doch nicht so schlimm ist, als allgemein angenommen wird; auch hier wachsen grüne Wälder, und sind diese auch nur Nadelholz, so geben sie doch Schatten; man findet auch hier Menschen, und die Vögel zwitschern vergnügt auf den grünen Wiesenpartien, und im Hintergrunde des großen Heidelandes erhebt sich das hohe Harzgebirge, wo selbst die sonnenbeleuchteten Wolken wie Nebel tief unter uns liegen.

Bei Zollenspiker, dem Geburtsort des dänischen Arztes und Schriftstellers Tode, der auf einer von Elbe und Ilmenau gebildeten Insel liegt, wurden wir auf einer großen Fähre über den Elbstrom gesetzt, der mit einer ungeheuren Geschwindigkeit auf Hamburg zulief, recht als habe er tausenderlei Neuigkeiten aus den böhmischen Gebirgen, die er in die »Börsenhalle« eingerückt habe wolle.

Wir stiegen ans Land und befanden uns nun im Königreich Hannover auf englischem Boden.

Bis Winsen, einem hannöverschen Städtchen an einem kleinen Flusse, war die Gegend noch recht erträglich. An der ersten Straßenecke hatte ein Maler mit großen weißen Buchstaben den Namen der Stadt »Winsen« angepinselt und neben denselben ein großes Komma gesetzt, gleichsam um anzudeuten, daß von dieser Stadt wohl noch mehr gesagt werden könne als der bloße Name.

Die Einwohner saßen auf steinernen Stufen vor ihren Haustüren und tranken Tee. Wir warfen den Damen Kußhände zu, und sie nickten so vertraulich wieder, als ob wir gute alte Bekannte wären; die Sonne ging hinter dem alten Kirchturm unter und malte uns allen rote Wangen, während wir nach der großen Heide von dannen rollten.

Sie war noch nicht so schlimm auf dieser Seite Lüneburgs. Die jungen Tannenbäume standen da mit frischen, weißgrünen Knospen; der ganze Wald sah aus wie ein Gewimmel von Weihnachtsbäumen mit kleinen Lichtern, nur die Geschenke daran fehlten.

Wir rollten vorwärts zwischen Sand und Tannen.

Der Reisende

Keine Berge, keine Meere
Hat der Himmel euch verlieh'n,
Sand und Tannen nur und leere
Flächen, wo nicht Blumen blüh'n,
Gibt's so weit das Auge schaut
Und der Himmel Brücken baut.

Heidebewohner

Beide hat uns Gott geschenket,
Unser Meer der Himmel ist,
Das, wie's größer niemand denket,
Unsre Ebne ganz umfließt,
Wo, wie in der Tiefe Reich,
Sterne stehn, den Lilien gleich.

Berge! – Berge sollt's nicht geben?
Siehst du diese Wolken nicht,
Die so stolz das Haupt erheben;
Aus den Felsen Leben spricht!
Segeln die am Himmel her,
Sprich, was fehlt uns dann noch mehr?

Von den zwanzig Reisenden, die mit von Hamburg abfuhren, waren wir auf sechs zusammengeschmolzen und saßen nun, Herz an Herz, in der großen Postkutsche; wir bildeten gewissermaßen eine Herz-Sechs, da hier drei Herzen auf jeder Seite saßen. Das eine Herz, d.h. natürlich mit körperlichem Futteral und Zubehör, war ein junger Student aus Hamburg, voll guter Laune und Einfällen; er meinte, daß wir nun gerade einen kleinen Familienkreis ausmachten und daß dieser sich doch untereinander kennen müsse. Nach unsern Namen wurde nicht gefragt, aber nach unserem Vaterlande; jeder bekam seinen Namen nach einem berühmten Mann oder einer berühmten Frau aus demselben, und so bildeten wir einen Kreis von berühmten Menschen. Ich hieß als Däne Thorvaldsen, mein Nachbar, ein junger Engländer, Shakespeare, der Student selbst konnte nicht weniger sein als Claudius; aber mit unseren drei vis-à-vis kam er doch in einige Verlegenheit. Das eine war ein junges achtzehnjähriges Mädchen, die mit ihrem Onkel, einem alten Apotheker aus Braunschweig, reiste; er wurde endlich genötigt, sie Fräulein Mumme und den Onkel Heinrich den Löwen zu nennen; aber der letzte der Passagiere, ein Frauenzimmer, blieb ganz anonym, da wir uns auf keine berühmte Persönlichkeit aus der sonst so salzbringenden Stadt Lüneburg, aus der sie stammte, besinnen konnten. Sie blieb also ein Stiefkind, und es schien, als ob sie oft so behandelt worden wäre, denn sie lächelte ganz wunderbar wehmütig, als wir sie nicht mit einem Namen in die Gesellschaft aufnehmen konnten. Ebendies bewog mich, sie näher zu betrachten; sie war gegen fünfzig Jahre alt, hatte einen braunen Teint und einige Blatternarben; aber in den dunkeln Augen lag etwas Interessantes, etwas tief Wehmütiges, selbst wenn sie lächelte. Wir hörten, daß sie in Lüneburg eine Schule für junge Mädchen unterhielt, daß sie zurückgezogen in einem kleinen Hause lebte und nun zum ersten Male, aber nur auf ein paar Tage, in Hamburg gewesen war. Ich hörte sie beinahe auf dem ganzen Wege nicht ein einziges Wort sprechen, aber sie lächelte freundlich über unsere Scherze und blickte recht gutmütig vergnügt auf das junge Mädchen, wenn diese über unser Gespräch herzlich lachte.

Zwischen uns andern Geschwätzigen wurde sie mir gerade interessant durch ihr Schweigen. Erst als wir in Lüneburgs enge Straßen hineinfuhren, wo die Häuser im Mondlicht dastanden, so klosterartig, so alt und spitzgiebelig, hörte ich sie zum ersten Male sprechen. »Nun bin ich zu Hause!« sagte sie.

Wir stiegen aus dem Wagen, der alte Apotheker bot ihr seinen Arm, um sie nach Hause zu begleiten; es war ganz in der Nähe, wir andern gingen mit. Es war ungefähr elf Uhr, alles war so still in der wunderlichen alten Stadt, es kam mir alles so fremdartig vor, die Häuser mit spitzen Giebeln, die Erker und Vorbauten im hellen Mondschein. Der Wächter schritt mit seiner großen Schnarre langsam durch die Straße, schnarrte, sang dazu seinen Vers und schnarrte wieder. »Willkommen, Mamsell!« sagte er, sich mitten in seinem Gesang unterbrechend, und sie nickte und nannte seinen Namen, indem sie die hohe Steintreppe hinaufschritt; hier wohnte sie. Ich sah sie sich zum Abschied verneigen und hinter der Tür verschwinden.

Als nachher der Postillion blies und wir wieder einsteigen mußten, da sah ich Licht auf ihrem Zimmer; ein Schatten bewegte sich an der Gardine, das war sie, die uns durchs Fenster nachschaute. Jetzt war die Reise für sie vorbei, auf die sie sich vielleicht mehrere Jahre lang gefreut hatte, vielleicht steht sie als einer der lichtesten Punkte in ihrem einförmigen Leben da, und sie wird dieselbe später noch manches Mal in der Erinnerung genießen. Es liegt wirklich etwas Rührendes in dem stillen Klosterleben einer solchen alten Jungfer. Wer weiß, welcher Wurm an diesem Herzen nagt? Es gibt Gefühle und Gedanken, die wir oft auch unsern liebsten Freunden nicht anvertrauen können. Morgen mußte sie vielleicht schon mit der Schule wieder anfangen, die Kinder in *les verbes réguliers* abhören – *»aimer, aimant, aimé«* – wie doch so manche Erinnerungen in einem solchen regelmäßigen Verbum liegen können!

Wir fuhren wieder aus Lüneburg heraus, ohne etwas von seinen Merkwürdigkeiten gesehen zu haben; nicht einmal den Schinken jenes berühmten Schweins, das vor achthundert Jahren die Salzquellen entdeckte.

Die Saline und die Kalkbrüche außerhalb der Stadt sahen wir jedoch im Fluge, aber allerdings nur in der Weise, wie Bürgers Lenore die Städte und Felder im Mondscheine vorüberfliegen sah.

Wir waren wieder zu sechst im Wagen; den freien Platz hatte ein junger Kaufmann eingenommen, der nach Dresden wollte; so bildeten wir wiederum eine Herz-Sechs, bis wir uns erneut auf der Heide befanden.

Das einförmige Knarren des Wagens im Sande, die Windstöße in den Zweigen und die Musikstücke des Postillions verschmolzen inzwischen zu einem einschläfernden Wiegengesang; ein Passagier nach dem andern fing an, mit dem Kopf zu nicken, selbst unsere Blumensträuße, die in die Wagentaschen gesteckt waren, ahmten jedesmal, wenn der Wagen einen Stoß bekam, diese Bewegung nach. Ich schloß die Augen und öffnete sie wieder, indem ich halb schlummerte und gewiß träumte. Mein Auge fiel besonders auf eine der großen Nelken in dem Strauß, den ich mir in den Vierlanden gekauft hatte; alle Blumen dufteten stark, aber es schien mir, als ob diese alle anderen an Duft und Farbe übertraf; und was das Merkwürdigste dabei war, mitten in der Blume saß ein kleines luftiges Wesen, nicht größer als eine ihrer Blätter, und war so durchsichtig wie

Blick auf Lüneburg von Südosten, 1671

Glas; das war ihr Genius; denn in einer jeden Blume wohnt so ein kleiner Geist, der mit ihr lebt und stirbt. Seine Flügel hatten dieselbe Farbe wie die Blätter der Nelke, aber sie waren so fein, daß es aussah, als wäre es nur roter Staub, der im Mondlicht von der Blume herabfiel; goldgelbe Lokken, feiner noch als die Staubfäden, glitten über die Schultern hinab und flatterten im Winde.

Als ich nun die andern Blumen genauer ansah, bemerkte ich, daß er nicht der einzige war; in jeder Blume schaukelte sich ein solches kleines Wesen, dessen Flügel und luftiges Gewand dem Farbenstaub der Blume glichen, in der sie lebten. Sie schaukelten alle auf den leichten Blättern in Duft und Mondlicht und sangen und lachten, aber es klang, als fahre der Wind leise über die gestimmte Äolsharfe dahin.

Bald kamen hundert und abermals hundert andere Elfen in ganz andern Gewändern und Gestalten durch die geöffneten Fenster in den Wagen herein; sie kamen von den dunkeln Tannen und Heideblumen. Da gab's ein Schwatzen, ein Singen, ein Tanzen! Sie sprangen mir oft gerade über die Nase weg und genierten sich gar nicht, mitten auf meiner Stirn einen Reigen aufzuführen. Diese Tannen-Elfen sahen übrigens wie echte wilde Männer mit Spießen und Lanzen aus, und doch waren sie luftig wie der feine Dunst, der in der Morgensonne von der betauten Rose aufsteigt. Sie teilten sich in verschiedene Abteilungen und spielten nun ganze Komödien, die meine Reisegesellschafter zu träumen glaubten; für jeden führten sie ein andres Stück auf.

Für den munteren, lebhaften Hamburger Studenten war der Schauplatz in Berlin: eine ganze Schar Elfen verkleidete sich als deutsche Studenten, und einige waren rechte Philister mit der Pfeife im Munde und mit einem Stock wie eine Keule an der Seite; sie standen in langen Reihen, es war ein Kollegium; eine von den Tannen-Elfen stieg als der leibhaftige Hegel aufs Katheder und sprach so gelehrt und verwickelt, daß ich ihm gar nicht folgen konnte.

Eine andere Abteilung spielte auf den Lippen unseres Engländers, sie tanzten und küßten einander, und da war es ihm, als küßte er seine Herzallerliebste, fühlte ihre Wange an der seinen ruhen und sähe ihr in die klugen, lieben Augen.

Dem jungen Mädchen aus Braunschweig spielten sie dagegen ein ernstes Stück aus ihrem eigenen Leben vor; die Tränen glitten ihr an den Wangen hinab, und die kleinen Elfen lächelten und spiegelten sich in einer jeden, so daß jede Träne, die im Traume fiel, ein unschuldiges Lächeln zeigte.

Mit dem alten Apotheker trieben sie es am schlimmsten, weil er eine der Blumen, die in den Wagen gefallen war, zertreten und dabei eine der kleinen Elfen getötet hatte. Sie setzten sich auf seine Beine, und es kam ihm im Traume so vor, als ob er gar keine Beine mehr hätte, sondern auf Stümpfen durch die Straßen Braunschweigs stolperte, wo alle Nachbarn und Fremden ruhig dastanden und ihm nachsahen. Aber dann tat es den kleinen Wesen doch leid, und sie gaben ihm seine Beine wieder und noch obendrein ein Paar große Flügel, so daß er hoch über Heinrichs des Löwen kupfernen Löwen und über den hohen Kirchturm von St. Blasius wegfliegen konnte, und das machte dem alten Apotheker solchen Spaß, daß er im Traume laut auflachte.

Dem Kaufmann aus Dresden hatten sie die ganze Hamburger Börse mit Juden und Christen vorgemacht; die Kurse standen so hoch, wie sie nie kommen werden und wie sie nur solche luftigen Wesen im Traume hervorbringen können. Mich schienen sie erst lange nach den andern zu beachten. »Dieser lange blasse Mann«, sagte dann einer von ihnen, »ist ein Dichter! Soll er denn gar nichts sehen?«

»Er sieht doch uns! Das kann ihm gewiß genug sein!«

»Wollen wir ihn nicht auch sehen lassen, was wir sehen? Er wird gewiß den andern Menschen etwas Hübsches davon singen, wenn er erwacht.«

Sie beratschlagten sich lange Zeit darüber, ob ich würdig sei, in ihre Gesellschaft aufgenommen zu werden; da sie nun aber keinen besseren Dichter bei der Hand hatten, bekam ich eine Eintrittskarte. Die kleinen Elfen küßten mir den Mund und die Ohren, und da war mir zumute, als ob ich ein neuer und besserer Mensch würde.

Ich blickte hinaus auf die große Lüneburger Heide, die als häßlich so verschrien ist. Herrgott, wie die Leute doch reden! Ja sie reden, wie sie es sehen und verstehen. Jedes Sandkorn war ein blitzendes Granitstück; die langen Grashalme, die voller Staub über die breite Landstraße hingen, waren die niedlichsten makadamisierten Wege für die kleinen Elfen; aus jedem Blatt schaute so ein kleines lächelndes Gesicht. Die Tannen sahen aus wie vollendete babylonische Türme, da wimmelte es von Elfen von den niedrigsten breiten Ästen bis zu den hohen Spitzen, die ganze Luft war voll von den wunderbarsten Gestalten und alle klar und schnell wie das Licht. Vier bis fünf Blumengenien ritten auf einem weißen Schmetterling, den sie aus seinem Schlaf aufgeweckt hatten, während andere Schlösser bauten aus dem starken Duft und den feinen Mondstrahlen. Die ganze große Heide war eine Zauberwelt, voll von Wunderwerken. Wie kunstvoll war doch jedes Blumenblatt gewebt! Welch eine Menge Leben lag doch in den grünen Tannennadeln! Jeder Staubfaden hatte seine verschiedene Farbe und eigentümliche Zusammensetzung, und welche Unendlichkeit in dem großen Himmel darüber!

Die Sage erzählt, daß die Meerfrau nur durch die treue Liebe eines Menschen und durch die christliche Taufe eine unsterbliche Seele erhalten kann. Die kleinen Blumen-Elfen verlangen nicht soviel; eine Träne der Reue oder des Mitleides vom menschlichen Herzen ist die Taufe, die ihnen die Unsterblichkeit geben kann, und darum schließen sich die Elfen so gern an die Menschen an, und wenn der fromme, gottergebene Seufzer aus unserer Brust emporsteigt, erheben sie sich auf demselben zu Gott, denn auch auf diese Weise kommen sie in den großen, herrlichen Himmel hinein und werden unter dem mächtigen Sonnenlicht der Ewigkeit zu Engeln.

Der Tau fing an niederzufallen, ich sah die luftigleichten Genien sich auf den großen Wassertropfen tummeln. Viele Dichter erzählen, daß die Elfen sich im Tau baden; aber wie kann dies leichte Wesen, das auf einem Lichtstrahl tanzt, ohne ihn zu bewegen, durch die dichte Wassermasse dringen? Nein, sie standen auf den runden Tropfen, und wenn sie unter ihren Füßen wegrollten und ihr leichtes Gewand in der Luft flatterte, dann sahen sie aus wie das niedlichste Miniaturbild der Fortuna auf ihrer rollenden Kugel.

Auf einmal fühlte ich eine zitternde Bewegung in der ganzen Luft, ich fuhr auf, und das Ganze war verschwunden; aber die Blumen dufteten sehr stark, und durch das

Wagenfenster bogen sich einige frische, grüne Birkenreiser herein. Der Postillion hatte den ganzen Wagen mit Grün geschmückt, weil es Pfingstmorgen war. Der alte Apotheker streckte sich im Wagen und sagte: »Man kann hier doch träumen!« Aber weder er noch die andern dachten daran, daß ich in ihre Träume eingeweiht war.

Die Sonne ging auf, wir alle saßen schweigend da, ich glaube, wir hielten in der Stille unsere Andacht, während die Vögel Pfingsthymnen sangen und das Herz selbst die beste Morgenpredigt hielt.

In Uelzen gingen die Leute in die Kirche, als wir ankamen. Die Sonne brannte wie Feuer, wir waren beinahe halbtot, als wir uns Gifhorn näherten, und noch hatten wir vier Meilen bis Braunschweig. Ich fühlte mich so ermattet, daß ich kaum zum Wagen herauszuschauen wagte, als man den Harz mit dem Brocken sehen konnte. Endlich waren wir am Ziel, und ich fand Ruhe und Erquickung im »Hôtel d'Angleterre«.

IV.

Braunschweig. »Drei Tage aus dem Leben eines Spielers.« Eine Fortsetzung davon. Mutter und Sohn. Spaziergang durch die Stadt. Abreise. Der alte Schulmeister.

»Was wird diesen Abend im Theater gegeben?« fragte ich.

»Oh, ein wunderschönes Stück!« sagte der Kellner. »›Drei Tage aus dem Leben eines Spielers‹.«

Ich wußte, daß es ein Effektstück war, das in ganz Deutschland Aufsehen erregt hatte; aber ich glaubte doch nicht, daß es noch stärker sein könnte als »Cardillac«. Obgleich ich von des Tages Hitze beinahe halb gekocht war und von der gesegneten Postkutsche so abgemattet, daß ich mich kaum rühren konnte, so ging ich doch ins Theater.

Das Stück war nicht in Akte eingeteilt, sondern in Tage, und zwischen einem jeden lag ein Zeitraum von fünfzehn Jahren. Zwei Tage hielt ich aus, aber dann vermochte ich es nicht länger. Die Zuschauer wurden förmlich auf die Folterbank gespannt, und nun denke man sich mich armen Menschen, der schon von der Reise halb zerschlagen war.

Der erste Tag endete damit, daß der Spieler seinen alten Vater tötete, den zweiten Tag ging es über einen ganz unschuldigen Menschen her, dem er eine Kugel durch den Leib jagte; – ich fühlte das Blut in mir kochen und erwartete nun, daß es am dritten Tage auch über die Zuschauer gehen werde. Es war mir fürchterlich zumute, nur in den »Galeerensklaven« habe ich etwas Ähnliches empfunden.

Ich ging nach Hause, aber überall sah ich den Auswurf

der Menschheit, unglückliche Mütter, verzweifelte Spieler. Ich bekam einen derartigen Abscheu vor Spielkarten, daß ich auf der Stelle ein Bündel unschuldiger Visitenkarten verbrannte, die ich mir in Hamburg gekauft hatte, nur weil sie den Namen »Karte« trugen.

Mein Gemüt war in heftigem Aufruhr, ich versuchte Wiegenlieder zu singen, um es wieder zu beruhigen; ja, ich setzte mich zuletzt hin und erzählte mir selbst ein Kindermärchen, das Du jetzt auch zu hören bekommen sollst, mein Leser:

»Solange die Kopenhagener noch ganz kleine Knirpse sind und noch nicht weiter in der Welt hinaus als bis zum Tiergarten und Friedrichsberg und ihre Großmutter oder Amme ihnen von verzauberten Prinzen und Prinzessinnen, von Goldbergen und sprechenden Vögeln erzählen, träumt der kleine Kopf von diesem herrlichen Phantasieland und sieht hinaus aufs Meer, das zwischen der dänischen und schwedischen Küste mit dem Himmel zusammenfließt. Da drüben muß es liegen, denken sie, und malen sich nun die neue Welt gar prächtig aus. Aber sie werden älter, kommen in die Schule, bekommen Riises Geographiebuch in die Hand, und das zertrümmert ihnen auf einmal das ganze Phantasieland. Doch wir wollen bei dem Phantasieland bleiben. Hier lebte vor vielen Jahren, noch viel früher, als man etwas von meiner literarischen Produktion oder den ›Drei Tagen aus dem Leben eines Spielers‹ ahnte, ein alter, grauhaariger König, der hatte ein solches Vertrauen zu der Welt, daß er es nicht für möglich hielt, daß ein Mensch eine Lüge sagen könnte; ja, eine Lüge schien ihm ein solches Phantasiegebilde zu sein, daß er im versammelten Rate gelobte, er werde demjenigen seine Tochter und sein halbes Reich geben, der ihm etwas erzählen könnte, von dem er einsehen müsse, daß es wirklich eine Lüge sei.

Alle seine Untertanen verlegten sich nun aufs Lügen, aber der gute König nahm alles für Wahrheit. Zuletzt wurde er melancholisch, weinte und trocknete sich die Augen mit seinem königlichen Mantel, indem er seufzte: ›Werde ich denn nie sagen können: Das ist eine Lüge?‹

So vergingen viele Tage, da kam eines Morgens ein hübscher, stattlicher Prinz, der liebte die Prinzessin und wurde von ihr wiedergeliebt; neun Jahre lang hatte er sich aufs Lügen verlegt und hoffte nun, sie und das Reich zu gewinnen. Er sagte zu dem alten Könige, daß er als Gärtnerbursche angestellt zu werden wünsche, und der König sagte: ›Jawohl, mein Sohn!‹, und führte ihn in den Garten hinab.

Hier stand vor allem der Grünkohl ganz vorzüglich gut, aber der Gärtnerbursche rümpfte die Nase und sagte: ›Was ist das?‹

›Das ist Kohl, mein Sohn!‹ sagte der König.

›Kohl? – In meiner Mutter Garten ist der Kohl so groß, daß ein Regiment Soldaten unter jedem Blatt stehen kann.‹

›Das ist leicht möglich‹, sagte der König, ›die Allmacht der Natur ist groß, und die Gewächse sind oft sehr verschieden.‹

›Ja, aber dann will ich nicht Euer Gärtner sein‹, sagte der Prinz, ›laßt mich lieber Euer Scheunenvogt werden.‹

›Gut, hier ist meine Scheune! Hast du jemals eine größere und schönere gesehen?‹

›Größere? Ha, da solltet Ihr die meiner Mutter sehen! Denkt Euch, als man die baute und der Zimmermann ganz oben saß und mit seiner Axt hieb, flog diese vom Stiel ab, und ehe sie die Erde berührte, hatte eine Schwalbe ihr Nest gebaut, Eier gelegt und ausgebrütet. Ja, Ihr glaubt wohl, das ist gelogen, mein König?‹

›Nein, das tue ich nicht. Die menschliche Kunst geht sehr weit; warum sollte Deine Mutter nicht eine solche Scheune haben können?‹

So ging es weiter fort, und der Prinz bekam weder das Reich noch die Prinzessin; sie wurden daher beide von Kummer und Sehnsucht verzehrt, denn der König hatte ja geschworen: ›Niemand bekommt meine Tochter, wenn er mir nicht eine Lüge sagen kann.‹

Und doch ließ ihn sein gutes Herz nie an eine solche glauben; ja, als er endlich starb und in den großen marmornen Sarg gelegt wurde, hatte er keine Ruhe, und man sagt, daß er noch immer wie ein unseliger Geist auf der Erde umherwandelt, weil sein Verlangen nie gestillt wurde.«

So weit war ich mit meiner Erzählung gekommen, also bis zum Ende, da klopfte es an meine Tür. Ich rief: »Herein!« – und – man denke sich meine Überraschung! Da stand der alte König vor mir, mit der Krone auf dem Kopf und dem Zepter in der Hand.

»Ich hörte, daß du meine Lebensgeschichte erzählst, und das hat mich zu dir geführt«, sagte er. »Weißt du vielleicht eine Lüge, die mir die Ruhe im Grabe verschaffen kann?«

Ich suchte mich zusammenzunehmen, sagte ihm, wie ich dazu gekommen sei, mir selbst sein Leben und seine Geschichte zu erzählen, und erwähnte nun die »Drei Tage aus dem Leben eines Spielers«.

»Erzähle mir doch das Stück!« sagte er, »ich liebe sehr das Fürchterliche; ich bin ja selbst, als Geist, in meinen alten Tagen noch fürchterlich!«

Nun fing ich an zu erzählen, ging Szene für Szene durch und zeigte ihm dies Gemälde aus dem menschlichen Leben; da verklärten sich seine Züge, er ergriff meine Hand und sagte voll Begeisterung: »Das ist eine Lüge, mein Sohn! So geht es nicht zu in der Welt, nun bin ich erlöst! Habe Dank, daß Du mir das erzählt hast! Gepriesen sei Louis Angely, der dies Stück auf die Bühne brachte, und gesegnet Victor Ducange, der es machte! Jetzt werde ich Ruhe im Grabe haben.«

Das könnte ein schönes Stück werden, dachte ich, wenn diese Geschichte dramatisiert würde. Welche Charaktere! Besonders der alte König, der nichts hat als sein kindliches Vertrauen in die Welt; der unglückliche Prinz, der den Hof verlassen muß, obwohl er sich neun Jahre lang aufs Lügen verlegt hatte; die Prinzessin, die keinen Mann bekam, und dann der Geist, der alte König, der zuletzt durch ein deutsches Melodram erlöst wird. Ja, ich kann es vorhersehen, das wird dramatisch, denn es ist dramatisch!

Als ich am andern Morgen erwachte, stand dies ganze Abenteuer wie ein Traum vor mir; ich begann nun meinen Ausflug in die Stadt, die sehr still und friedlich aussieht.

Überall öffneten sich die Fenster nach innen, und die Blumentöpfe wurden nach außen gestellt. Dienstmädchen flatterten in bunten Kattunmänteln durch die Straßen, und kleine Kinder riefen »Herr Jös'!« zu jedem zweiten Wort, das sie sprachen. Die Wälle sind abgetragen, und man spaziert hier in langen Alleen und zwischen hübschen Blumenanlagen, die man wohl ansehen, aber nicht anrühren darf. – Ich besuchte Marr, einen vortrefflichen Schauspieler am Hoftheater zu Braunschweig, dessen Regisseur er zu gleicher Zeit ist. Er wohnte draußen vor dem Fallerslebentor, im fünfzehnten Jahrhundert ein historischer Ort,

Braunschweig, Altstadtstraße mit Blick auf die Katharinenkirche, um 1865

oder vielmehr seit dieser Zeit, denn damals versammelten sich dort jedes siebte Jahr alle Fürsten und mächtigen Herren der Umgegend und nahmen am Tanz und den anderen Lustbarkeiten des Volks teil. Man würfelte damals um alles, selbst um eine Frau, aber der, der die meisten Augen warf, mußte die Frau dann auch heiraten. Rundherum in den bunten Zelten saßen die vornehmen Damen in all ihrem Schmuck und betrachteten das Volksgewimmel. Jetzt war alles ganz anders; eine lange Allee mit Vergnügungsstätten zu beiden Seiten lag vor mir; einige ehrliche Braunschweiger Bürger spazierten hier ganz ruhig und genossen die Morgenstunde, ohne daran zu denken, daß vielleicht ihre Ururgroßmutter hier in blühendem Alter verspielt wurde wie heute eine Kindermütze oder ein Nähkästchen.

Es war Pfingstmontag, die Glocken läuteten, und viele Leute strömten zur St.-Blasius-Domkirche, ich folgte dem Strom. Die Orgel brauste durch die hohen Wölbungen, die Gemeinde sang, und die alten braunschweigischen Herzöge lagen in Staub und Asche dort unten in ihren kupfernen und marmornen Särgen. Das ist alles, was ich von meinem kurzen Besuche dort erzählen kann, aber es ist die Wahrheit.

Nach dem Gottesdienst fand in der Kirche eine Trauung statt. Es war ein hübsches Paar; was mir aber ganz besonders auffiel, das war der wunderbare Ausdruck von Freude und Wehmut, der in den Blicken der Braut lag; sie schien jemanden zu suchen, als sie auf den Altar zuschritt.

»Er ist gewiß hier in der Kirche!« flüsterten sich ein paar Frauen zu, die beieinanderstanden.

»Der arme Eduard! – Ja, er ist gewiß hier!«

Es ging mir ein Licht auf, aber ich war sicher, daß er nicht hier sei. Wäre es ein Roman von Johanna Schopenhauer gewesen, da hätte er gewiß totenbleich hinter irgendeinem Pfeiler gestanden und der Trauung zugesehen; aber hier war es Wirklichkeit; er war nicht da, aber wo dann – ?

Die Mutter

Du kommst schon von der Kirche zurück?
Willst Du den Brautzug dort nicht sehn?
Schön Gretchen steht vor dem Brautaltar.
Doch du bist bleich! – du großer Gott! –
Du siehst ja heute grad' so aus
Wie damals – ha, wie schauert's mich! –
Als du, ein Kind, im Grase lagst,
Im Fuß 'nen gift'gen Schlangenbiß,
Den Todesschmerz im Angesicht,
Den doppelt, ach, ich mit dir litt!
Und in die Erd' grub ich den Fuß,
Die Erde sog das Gift heraus: –
Das hatt' getan der gute Gott!

Sohn

Ja, Mutter, ja, die Erde hilft!
Jetzt sitzt das Gift im Herzen mir,
Ich fühle es – erbarm dich, Gott!
Die Erde saugt auch das heraus.
O, Mutter, vergrab' mein krankes Herz,
Das hilft, das gibt den Frieden mir!

»Es ist eine alte Geschichte, doch bleibt sie immer neu«, sagt Heine. Ich verließ das alte St. Blasius und sah mir die ritterlichen Epitaphe an den Mauern und den altertümlichen Gebäuden in den umliegenden Straßen an. Das alte Rathaus war in einen Weinkeller verwandelt, stand aber noch mit dem großen gemauerten Balkon in seiner ganzen gotischen Ehrwürdigkeit da, neben jedem Pfeiler gab es einen fürstlichen Herrn mit seiner Gemahlin, in Lebensgröße in Stein gehauen.

Auf dem Schloßplatz lag alles in Schutt und Trümmern; eine Menge Menschen war damit beschäftigt, die letzten Überreste niederzureißen und die Steine in Haufen zu sammeln. Ein Seitengebäude, das als Wache gedient hatte, war stehengeblieben; die zertrümmerten Fenster waren mit Brettern vernagelt, und an den Wänden sah man die Spuren des schwarzen Rauchs. Zwischen den Trümmern saßen einige Kindermädchen, und während die Kinder um sie herum spielten, sangen sie die Barcarole aus der »Stummen«. Sie dachten gewiß nicht im entferntesten daran, welch ein poetisches Bild sie mit diesem Gesang an dieser Stelle abgaben. Die kleinen Kinder, die hier spielten, werden vielleicht dereinst ihren Kindern von der Zerstörung dieses Schlosses als von der ersten, entferntesten Erinnerung, die ihnen geblieben ist, erzählen; dann steht hier ein neues und herrlicheres, oder, was wahrscheinlicher ist, dann ist hier eine Promenade, und neue Kinderscharen hüpfen unter dem alten, blauen Himmel herum.

Am äußeren Rand der Stadt, nahe einem der Tore, liegt ein hübscher, großer Garten, der einem Kaufmann Krause gehört und jedem offensteht; an der Fassade des Hauses liest man: »Salve Hospes!« Hier war ein Wald von südländischen Blumen und Obstbäumen, die in großen Kübeln um das Haus herumstanden. – Alles Blumen und Wohlgeruch! Von einem Platz im Garten, der sich bis an einen Arm der Ocker hinab erstreckte, sah man eine der freundlichsten Landschaften, die man sich nur träumen kann.

Es war eine Bleiche, eine große Wiese, die ganz gelb von Blumen war; etwas weiter lagen Vergnügungsstätten zwischen Buchen und hohen Pappeln, und fernhin am Horizont erhob sich der Harz mit dem Brocken, der wie eine graue Gewitterwolke unter den andern sonnenbeleuchteten Wolkenbergen hervorragte – es war ein vollendetes Gemälde! In den Bergen selbst hat man nur Hintergrund ohne Vordergrund und in den Ebenen das Umgekehrte, Vordergrund genug, aber keinen Hintergrund; hier war beides, wie man es sich nur wünschen konnte. – Ich sah einen jungen Maler, der diese Luftpartie skizzierte, Menschen spazierten vorbei, ohne ihn zu beachten. Das hätte bei uns daheim sein sollen, so nahe bei der Stadt! – Ich erinnere mich an eine Geschichte, die mir einer unserer berühmten Landschaftsmaler erzählt hat: Als er eines Abends am Peblinge-See spazieren ging, um die Luft zu studieren und sich an ihrer wunderbaren Spiegelung im Wasser zu erfreuen, auf das er aus diesem Grund blickte, versammelte sich ein Auflauf von Menschen um ihn, und alle fragten: »Ist jemand ertrunken?«

Im Mondschein ging ich an dem alten Schloß Heinrichs des Löwen vorüber; der kupferne Löwe stand ruhig auf seinem Fußgestell und sah auf das Schloß und das neue Geschlecht herab, das in Soldatenuniformen aus allen Fenstern herausblickte, während die Leute aus dem Theater kamen, wo man »Das Irrenhaus in Dijon«, ein französisches Melodrama, gegeben hatte, das »Drei Tage aus dem Leben eines Spielers« noch übertreffen soll. Die Leute, die daher kamen, sahen auch etwas verdächtig aus, und man sagte, daß zwei Damen und ein junger Offizier während der Vorstellung Krämpfe bekommen hätten. Hätten sie, so wie ich, einander Kindermärchen erzählt oder Wiegenlieder gesungen, da wären die Krämpfe wohl vorübergegangen. –

Am 25. Mai, dem dritten Tage nach meiner Ankunft, verließ ich Braunschweig mit der Schnellpost, in der ich zu Reisegefährten zwei junge Leutnants hatte, die inkognito als Majore reisten und mich sogleich zum Professor machten; aber da dies keine Rangsteuer kostete, so fand ich mich mit christlicher Geduld darein. Außerdem hatten wir noch ein Dienstmädchen von etwa vierzig Jahren bei uns, die zu ihrer Herrschaft in Goslar reiste, und einen alten originellen Schulmeister, den wir näher kennenlernen sollten. Das Mädchen hatte einen Charakter, der zwischen dem melancholischen und sanguinischen schwankte; sie brach jeden Augenblick in Tränen darüber aus, daß gerade heute das alte, alljährlich gefeierte große Schützenfest in Braunschweig stattfinde, das sie so gern hätte mitmachen wollen; aber nun sei es schon das dritte Jahr, daß sie sich an diesem hohen Festtage auf der Reise befinden müßte.

Auf der ersten Station trennte sich meine Reisegesellschaft von mir, bis auf den Schulmeister. Wir kamen jetzt in einen kleineren Wagen, in dem nur Platz für vier Personen war; die Herzen kamen sich nun auch körperlich näher, und ich hatte mich nur noch mit einer Figur zu beschäftigen. Der Schulmeister war ein Mann von ungefähr sechzig Jahren, ein kleines spindeldürres Geschöpf mit lebhaften Augen und einer samtenen Kappe auf dem schmalen Kopf. Es war das treueste Ebenbild von Jean Pauls Schulmeisterlein Wuz von Auenthal. Mein Schulmeister war übrigens aus einer kleinen hannoverschen Stadt, er wollte einen alten Freund in Goslar besuchen und, ebenso wie ich, zum ersten Mal in seinem Leben Berge besteigen. Er war eine von jenen glücklichen Naturen, deren Genügsamkeit sich mit der Phantasie vereinigt und Blumen um jeden dürren Ast schlingt, für die sich die engste Stube zum Feenschloß erweitert und die Honig aus der geringsten Blume saugen. Mit fast kindlichem Stolz erzählte er von seiner kleinen Stadt, die ihm das Zentrum dieser Welt war; auch war sie in der letzten Zeit in der Kultur gestiegen und besaß ein Liebhabertheater. –

»Ja«, sagte er, »das sollten Sie mal sehen! – Keinem Menschen würde es jetzt einfallen, daß das früher ein Stall war! Die Viehboxen sind von unserm alten Maler mit Violinen und Flöten bemalt; und die Musik selbst – ja, die ist wahrhaftig sehr gut für eine so kleine Stadt; – zwei Violinen, eine Klarinette und dann eine große Trommel, das geht ganz vortrefflich! Ich weiß nicht recht, wie es kommt, aber Musik dringt doch wunderbar zum Herzen, und ich kann mir so recht die kleinen Engel Gottes im Himmelreich denken. Aber wir geben uns freilich auch nicht mit solchem Hokuspokus und Trillerarien ab, wie die sie in Braunschweig und Berlin haben, nein, unser alter Totengräber, der die Musik leitet, gibt uns einen guten, ehrlichen Polnischen und einen Molinasky in den Zwischenakten zum besten; unsere Frauenzimmer summen mit, und wir Alten schlagen den Takt mit unsern Stöcken auf dem Fußboden, das ist eine Lust!«

»Und wie geht es mit dem Spiel?« fragte ich.

»Herrlich! Und ich will Ihnen sagen, damit die, welche spielen, Mut bekommen, so vor uns alle hinzutreten, werden sie von klein auf in den Proben daran gewöhnt, und bei der Generalprobe muß jedes Haus zwei Dienstboten liefern, damit die Bänke besetzt sind und die Spielenden Courage kriegen!«

»Das muß ja ein rechtes Vergnügen sein – –!«

»Ein Vergnügen«, unterbrach er mich, »ja, wir amüsieren uns alle in unserer Herzenseinfalt und beneiden selbst die Berliner nicht. Aber wir haben auch wunderbare Bühnendekorationen und Kulissen! Ganz vorn haben wir die Wasserspritze der Stadt; der Strahl steigt, genau wie in der Natur, direkt aus dem Souffleurkasten. – Aber alles gemalt, hübsch gemalt! Unser Straßen-Vorhang ist der schönste, darauf ist der Marktplatz unserer Stadt zu sehen, und zwar so deutlich, daß jeder sein eigenes Haus sehen kann, egal, welches Stück gespielt wird. – Das schlimmste ist allerdings der kleine eiserne Kronleuchter; die Kerzen tropfen so fürchterlich, daß immer ein großes Loch unter dem Leuchter bleibt, seien auch noch so viele Menschen versammelt. Ein anderer Mangel – denn ich bin nicht ein Mann, der alles loben will –, ein anderer Fehler ist, daß viele von unseren Frauenzimmern, wenn sie spielen, so auf der Bühne stehen und jemanden unten auf den Bänken erkennen, es nicht unterlassen können, zu kichern und ihm zuzunicken. Aber, du lieber Gott, es ist ja auch nur zum Spaß, das Ganze!«

»Aber wenn nun keine Komödie im Winter ist, da muß es doch sehr still sein in Ihrer kleinen Stadt? – die langen Abende – –!«

»Oh, die vergehen uns auch ganz gut; meine Frau, die beiden Kinder und die Magd setzen sich dann hin und spinnen, und wenn alle vier Räder im Gange sind, dann lese ich ihnen laut vor, da geht die Arbeit schneller von der Hand, und wir merken gar nicht, wo die Zeit bleibt. Am Weihnachtsabend spielen wir um Pfeffernüsse und Apfelscheiben, während die armen Kinder draußen vor der Tür von der Weihnachtsfreude und dem Jesuskind singen; da kann mir schon so recht das Wasser in die Augen treten, obgleich ich recht innig vergnügt bin.«

So glitt der Strom der Rede schnell dahin, während sich der Wagen auf dem sandigen Wege sehr langsam bewegte. Nach und nach traten die Berge aus ihren Nebelgestalten hervor als starke, stolze, mit dunkeln Tannenwäldern bewachsene Massen, Kornfelder schlängelten sich malerisch zwischen ihnen durch, und Goslar, die alte kaiserliche freie Reichsstadt, lag vor uns. Alle Dächer waren mit Schiefer gedeckt, was der Stadt, die eingeschlossen zwischen den Bergen liegt, ein merkwürdig düsteres Aussehen verleiht. Hier war einmal der Sitz der deutschen Könige und Kaiser, hier wurden Reichsversammlungen gehalten und die Schicksale von Reichen und Ländern abgemacht – jetzt, ja jetzt, ist sie bekannt durch ihr Bergwerk und aus Heines »Reisebildern«. Hier spielte der Dichter Blumendieb und Herzensdieb – eine Geschichte, von der die ehrbaren Bürger von Goslar gar nichts mehr wissen wollten; jedesmal machten sie ein sehr saures Gesicht, wenn ich den Namen Heine nannte. Ich will deswegen etwas vorsichtiger sein.

Hier trennte ich mich von meinem alten hannoverschen Schulmeister in der Hoffnung, auf dem Blocksberg wieder mit ihm zusammenzutreffen. Er ging nach rechts, ich nach links, wo ich Quartier im »Der Kaiser von Rußland« nahm.

V.

Goslar. Das Bergwerk. Die Spinne. Die Sage von der schönen Mathilde. Die Ilse. Der Brocken.

Selbst wenn man von Natur aus kein Held ist, wird man als Reisebeschreiber doch immer zum Helden seiner eigenen Reise, aber was ist der Held ohne Bier und Nahrung? Will man reisen und die Natur und die Welt genießen, muß man auch ein wenig vom Soliden genießen, das eine wesentlich wichtigere Zutat zur Behaglichkeit ist als man glauben mag. Ja, ein Engländer war sogar der Ansicht, es sei der Mühe wert zu reisen, um Appetit zu bekommen und ihn dann zu stillen. – Ich verspürte etwas Ähnliches und folgte der inneren Stimme; und als ich mir den Mund mit Essen vollgestopft hatte, ging ich aus, um die Goslarschen Sehenswürdigkeiten zu sehen.

Die Luft kam mir sonderbar drückend vor, ich konnte ordentlich den Bergwerksduft riechen, der einige Ähnlichkeit mit dem hat, womit sich, wie man erzählt, der Teufel parfümiert, wenn er wütend einen Ort verläßt. Da ich jedoch den Teufel nenne, muß ich sogleich erzählen, ehe ich es vergesse, daß eine von Goslars größten Merkwürdigkeiten ein Geschenk dieses berühmten Mannes ist. Es steht nämlich mitten auf dem Markt ein großes Metallbekken, das vermittels mehrerer Röhren beständig mit Wasser gefüllt wird und dessen sich die Einwohner, wenn Feuer ausbricht, anstelle einer Sturmglocke bedienen, indem sie so daraufschlagen, daß es in der ganzen Stadt gehört wird. Dieses Becken, so erzählt die Sage, hat der Teufel einmal zur Nachtzeit hierhergebracht; ich berührte es und fand, daß es eine sehr solide Arbeit war.

Dicht dabei steht das Rathaus, finster und altertümlich,

davor sind alle mächtigen Kaiser aufgestellt. Sie stehen im ersten Stock mit der Krone auf dem Haupt und dem Zepter in der Hand, alle sehr grell bemalt wie Nürnberger Bilder. Ich bemerkte einen alten Bergmann, der seiner kleinen Enkelin diese gewaltigen Helden zeigte, nach denen sie sich nun alle Könige und Kaiser der Erde als solche ernsten, steinernen Männer mit Schwert und Krone vorstellte; das kleine Vernunftwesen sah es schon ein, daß es sicher kein Blumenleben ist, König zu sein und so mit der schweren Krone Tag und Nacht vor dem Rathaus zu stehen und über Gesetz und Recht zu wachen.

Ich erinnere mich noch, wie ich selbst als Kind keine bessere Vorstellung davon hatte und wie ich darüber grübelte, welche Sprache ein König und eine Königin nun eigentlich sprechen; denn die konnten ja wohl kaum so reden wie andere, einfache Menschen. Als ich daher einmal eine Komödie dichtete, in der zwei so mächtige Wesen vorkamen, überlegte ich lange, bis mir endlich ein Licht aufging. Ich nahm mir ein paar Wörterbücher, schrieb ein Wort aus einem und eines aus einem anderen ab und setzte so eine Art Kauderwelsch aus Dänisch, Deutsch, Französisch usw. zusammen, das ich meinen König reden ließ; denn ich dachte, solch ein Mann muß viele Sprachen können und auch ein wenig von allen zeigen! Gott weiß, was das kleine Mädchen hier über deren Sprache dachte, zumindest verschlug es ihr aber die ihre, als sie so viele Kaiser auf einmal sah.

Als ich durch die Straßen ging, sah ich an mehreren Häusern die Madonna mit dem Kinde, aber an vielen Stellen war sie mit Kalk übertüncht. Es lag etwas Wehmütiges darin, diese verwitterten Steinbilder zu sehen, die mich an Mumien aus einer verschwundenen Zeit mahnten; auch

Goslar, um 1850

sie hatten einmal gelebt und geherrscht, obgleich aus dem toten Stein entsprungen. Es war mir auch so, als ob sie flüsterten: »Es ist jetzt nicht so wie früher, als der Kaiser und das Volk sich vor uns verneigten! Aber Goslar ist auch nicht mehr so wie früher; die Krone ist hier von meinem und des Kaisers Haupt herabgefallen!«

Eine längere Dauer haben doch diese toten Massen, dachte ich, als die Stadt hinter mir lag und ich zum ersten Male an einem Berg stand. Es war der Rammelsberg, bekannt durch sein Bergwerk, in welchem sich mehr gezimmertes Bauholz befinden soll als in allen Häusern Goslars. Die ganze Seite, die dem Wege zugekehrt ist, bestand überwiegend aus Schieferstein, wodurch der Berg in meinen Augen das Ansehen eines ungeheuren Gebäudes bekam, das abgebrannt und zusammengestürzt zu sein schien. Die Luft selbst hatte etwas Schwefliges und Brandiges, und das Wasser, das durch Abflußröhren aus dem Berge kam, wo man es benutzt hatte, sah ganz ockergelb aus.

Der norwegische Bauer nennt den dicken, blauweißen Nebel, der oft zwischen den Bergwänden eingeschlossen steht, »Wollflocken«, und ich wüßte keinen Namen, der charakteristischer wäre; es sah wirklich aus, als ob eine ungeheure Menge von der feinsten gekrempelten Wolle in den tiefen Hohlweg hineingeweht wäre und dort über den schwarzen Tannen lagerte.

Dort, wo man ins Bergwerk hinabsteigt, schob eine Anzahl junger Arbeiter die rohen Erzmassen in Schubkarren in eine dazu gegrabene Vertiefung hinein; wir bekamen einen Führer, er zündete sein Grubenlicht an, öffnete nun eine große Tür, und – es wurde mir ganz wunderlich ums Herz – wir traten hinein. Eine kurze Strecke noch war der Gang ausgemauert, bald aber wölbten sich nur eckige Felsstücke rund um uns her; wir stiegen immer tiefer und tiefer. Bergleute mit ihren Grubenlichtern begegneten uns; »Glück auf!« war der gegenseitige Gruß, während ringsum alles still wie im Grabe war. Die Gänge schienen hier aus Erz zu sein, das Erz schimmerte bald grün, bald kupferrot heraus. Ein Kaufmann aus Goslar begleitete mich, ich hielt mich an ihm fest, es war nur ein schmales Brett, auf dem wir vorwärts schritten. Wir mußten uns oft ganz tief bükken wegen der herabhängenden Felsblöcke; ein Gang durchkreuzte den andern, und der Führer schien oft ganz zu verschwinden. Plötzlich brauste es über unseren Köpfen, es war, als ob der ganze Berg zusammenstürze. Ich sagte kein Wort, schmiegte mich aber fest an meinen Begleiter, der mir nun erklärte, daß dies eine Schleuse sei, die man oben öffnete und die ein Rad in Bewegung setzte, mit dem die Erzstücke aus den untersten Gruben heraufbefördert würden.

Uns zur Seite öffnete sich ein Abgrund. Wir konnten beim Schein des Grubenlichts nicht das ganze große Rad sehen, über welches das Wasser herabbrauste. Ich weiß nicht genau, ob dies oder die großen Grotten, wo das Erz durch Feuer losgearbeitet wurde, mir am malerischsten vorkam. Die roten Flammen schlugen hoch in die Höhe und beleuchteten die schwarzen Bergleute ringsum; ich lehnte mich an die Felswand und begann mich an die fremde Welt zu gewöhnen, die in ihrer ganzen Furchtbarkeit schön war.

Es ist doch ein wunderbarer Gegensatz zwischen dem abwechslungsreichen Leben des Seemanns und dem einförmigen des Bergmanns. Mit geschwellten Segeln fliegt jener von Küste zu Küste über das herrliche Meer; lustig wimmelt es in den fremden Häfen von geschäftigen Menschen. Bald bläst ein Sturm, daß die Masten brechen und das Schiff von den starken Wogen wie ein Spielzeug umhergeworfen wird, bald ist es wieder totenstill, und er ruht sich aus hoch oben im Mastkorb und schaut hinaus in den unbegrenzten Raum zwischen Meer und Himmel. Für den Bergmann hingegen gleitet ein Tag wie der andere dahin. Tief unten in dem schwarzen Schacht sitzt er bei seinem Grubenlicht und hämmert das Erz aus dem Berge heraus; still und halbdunkel wie hier in seinem Heim wird es auch in seinem Innern. Nur der Sonntag bringt einige Veränderung: Da zieht er ein besseres Kleid an, geht in die Kirche und sieht die Sonne mild in diese und sein Herz scheinen. Zuweilen kommt er auch nachmittags nach Goslar zurück, hört die Zeitungsneuigkeiten und denkt darüber nach, wie wunderlich die Menschen dort draußen in der Welt umherstürmen. Vielleicht will er auch, wenn er noch jung ist, hinausfliegen und sich zwischen den andern tummeln, – aber am Montag sitzt er doch wieder tief unten im Schacht bei seinem Grubenlicht und gebraucht den Hammer – und so geht es fort, bis eine fremde Hand den letzten Hammerschlag auf seinen Sarg tut.

Als wir wieder aus dem Berge herausstiegen, schien die Sonne so schön über die jungen Tannen, auf denen Regentropfen lagen wie Perlen auf den hellgrünen Knospen. Es war mir, als hätte ich nie etwas Freundlicheres gesehen als diese von der Sonne beschienenen Bergwände und den klaren Himmel, so groß war der Übergang von der schwarzen Grube zu der sonnenhellen Natur.

Ein kleiner Fußpfad führte uns um Goslar herum. Unten in den Wallgräben wuchs hohes Gras, und die dicke Stadtmauer war beinahe ganz hinter Büschen und Hecken versteckt. Wir bestiegen nun den Zwinger, einen großen runden Turm aus der Zeit der Kaiser. Die Mauern sind zweiundzwanzig Fuß dick. Im ersten Stock hatte man sie in späterer Zeit sprengen lassen und so in der Mauer selbst Wohnungen angebracht. Ganz oben war ein großer Saal, wo die Bürger von Goslar ihre Bälle und Lustbarkeiten zu halten pflegten. Eine große Spinne hatte ihr Gewebe dicht an der Tür ausgespannt und sah mich und eine eilige Fliege an, die mir um die Nase schwirrte, als ich eintrat. Eigentlich kann ich nicht sagen, daß dieses sechsbeinige Wesen eine besonders schöne Malerei auf der Wand war, doch wenn man eine Spinne poetisch betrachtet, vermag sie jederzeit zu einem Bild zu werden, das in meiner Reisegalerie aufgehängt werden kann.

Die Spinne

In diesem Saale, Flieglein schön,
Sahst du beim Scheine der Lampetten,
In schottischem Tanz und in Menuetten,
Die Reihen der Tänzer froh sich drehn.

Groß und Klein, und Dick und Dünn
Schwang sich herum nach lustiger Weise,
Du auch flogst mit herum im Kreise,
Warst die Schönste von allen d'rin.

Am Balken saß ich still und fest,
Fühlte vor Glut vergehn das Herze;
Jetzt ist's vorbei mit Lust und Scherze.
Keine Geige sich hören läßt.

Flieglein, du tanzest ja so nett!
Einen Tanzsaal hab' ich gewebet,

Sieh doch, wie der so lustig schwebet,
Komm und betritt sein Parkett!

Und von Freude und Lustbarkeit
Soll dieser Saal noch einmal ertönen,
Komm, du Flieglein, Schönste der Schönen,
Komm, wir tanzen zusammen heut!

Die Hauptkirche in Goslar ist abgebrochen, es steht nur noch eine Kapelle, und in dieser verwahrt man die Überreste von den früheren Herrlichkeiten dieser Kirche. Eine alte Frau führte uns herum und erklärte die Schätze. Nahe der Tür war der heilige Christoph in kolossaler Größe gemalt, wie er im Wasser mit dem Christkinde auf seinen Schultern steht. »Das waren Leute damals!« sagte die alte Frau, denn sie glaubte, der »große Christoph« sei wirklich so lang und breit gewesen, wie er hier zu sehen war.

In einem offenen Sarg lag eine weibliche Figur aus Sandstein geformt; es sollte die schöne Mathilde sein, eine Tochter Kaiser Heinrichs III. Sie war so schön, daß ihr eigener Vater sich in sie verliebte, weshalb sie Gott bat, daß er sie mit einemmal recht häßlich machen möchte. Da fand sich der Teufel bei ihr ein und versprach, daß er des Vaters Liebe in Haß verwandeln wolle, wenn sie ihm auf immer anzugehören verspräche. Sie ging auf diesen Vertrag ein, doch unter der Bedingung, daß sie von ihm befreit sein solle, wenn er sie die drei ersten Male, wo er zu ihr komme, nicht schlafend fände.

Um sich wach zu erhalten, nahm sie Seide und Nadel und stickte nun ein kostbares Gewand, während ihr kleiner Hund Quedl neben ihr saß. Jedesmal, wenn sie in Schlaf fiel und der Teufel sich ihr näherte, fing das treue Tier an zu bellen, und sie war sogleich wieder wach und munter bei ihrer Arbeit. Als der Teufel sich auf diese Weise hintergangen sah und nun sein Versprechen erfüllen mußte, fuhr er mit seiner häßlichen Klaue über ihr Gesicht, so daß die schön gewölbte Stirn eingedrückt und die königliche Nase breit und flach wurde. Den kleinen Mund schlitzte er bis an beide Ohren auf, und die hübschen Augen hauchte er an, so daß sie aussahen wie Blei und Nebel. Nun bekam Kaiser Heinrich einen Abscheu vor ihr, und sie baute sich ein Kloster, das sie nach dem treuen Quedl Quedlinburg nannte und in dem sie selbst die erste Äbtissin war.

Die alte Frau, die uns das steinerne Bild zeigte, wußte übrigens nicht recht, ob es Mathilden in den Tagen ihrer Schönheit vorstellte oder in der späteren Zeit, als der Teufel sie so zugerichtet hatte; ich war eher für die letztere Annahme.

Der Kirchenstuhl Kaiser Heinrichs III. hat hier auch seinen Platz; ich setzte mich darauf und betrachtete nun sein und zweier anderer Kaiser Bilder auf den Scheiben des großen Kirchenfensters. Die blickten mich recht lebendig an, als das Licht durch die bunte Malerei spielte.

An der Mauer stand eine alte Inschrift, die niemand von uns richtig zu entziffern imstande war. »Ja, wenn mein Bruder, der Doktor, hier wäre«, sagte mein Begleiter, »der würde uns schon alles erklären, was da geschrieben steht. Er ist ein gelehrter Mann, sehr gelehrt, ja«, sagte er zu mir, »er ist ebenso gelehrt wie Sie!«

»Der Arme!« dachte ich, aber ich sagte es nicht.

Am Abend ging ich noch einmal ungefähr denselben Weg um die Stadt, aber ich war allein; es war Mondschein, auf den Straßen war alles still, und die Häuser warfen große, schwarze Schatten. Das Wasser plätscherte einförmig in dem großen kupfernen Becken, und die alten Kaiser standen so ernsthaft da mit der Hand am Schwert und blickten vor sich hin. Da kam es mir vor, als stehe ich in einer der verzauberten Städte, von denen ich als Kind in so manchem Märchen hatte erzählen hören; der Nebel von den Bergen, der rund um die Stadt lag, schien mir der magische Kreis zu sein, der außen herumgezogen war, und wenn dieser gesprengt würde, müsse es alles wieder zu seinem früheren Leben erwachen. Da würde es wieder Leben und Lärm auf den Straßen geben, und die alten Kaiser würden aus den Mauernischen zu dem versammelten Volke heruntersteigen, das vor der in einer Glorie von brennenden Lampen sitzenden Madonna niederkniete. Das Sandsteinbild, welches die Prinzessin Mathilde vorstellen sollte, würde sich aus dem engen Sarge erheben und wieder Fleisch und Blut bekommen, und der treue Quedl würde wieder lustig bellen, so daß niemand in Schlaf fiele, wenn die bösen Mächte nahten.

Es war, als ob das einförmige Plätschern des Wassers das starke Zauberwort murmelte, welches das Ganze aus seiner magischen Versteinerung lösen konnte, und ich verstand die mächtigen Ton-Hieroglyphen: »Wenn Du geschlafen hast, wird dies erwachen!« Und das war die Wahrheit! Denn als ich am nächsten Morgen auf die Straße hinaustrat, beschien die Sonne freundlich die Häuser, die gar nicht mehr so gespensterhaft aussahen, und aus dem Fenster gerade gegenüber schaute ein lächelndes Mädchengesicht, das besser als tausend gedruckte Proklamationen verkündete, es liege keine magische Versteinerung über dem alten Goslar.

Im Berliner Opernhause gibt man ein Ballett, »Die neue Amazone«, in welchem unter anderem auch eine Flußfahrt vorkommt. Das Schiff liegt still und schaukelt hin und her, aber der Hintergrund gleitet beständig über die Bühne hin und stellt auf diese Weise dar, wie sich die Gegend verändert, je weiter man segelt. Wenn man dies einige Augenblicke betrachtet hat, bringt es eine überraschende Täuschung hervor, man glaubt selbst mitzusegeln. Wenn sich dasselbe Experiment hier machen ließe, würdest Du, mein Leser, auch zu sehen bekommen, wie die herrlichen Gegenden wechselten, je weiter ich auf der Reise kam.

Goslar lag hinter uns zwischen den Bergen, der Weg führte an einer Mühle vorbei, wo sich der lustige Geselle in der Tür mit der Magd um einen Kuß balgte. Nahe dabei erhob sich ein steiler Berg, aus dem die gelbe Ockererde hervorschien, mit den Ruinen eines alten Wachturmes. Nun wurde die Aussicht großartiger, um uns herum lag das Ockertal mit seinen Schmelzhütten. Die schwarzen Rauchsäulen wirbelten in die Höhe und bildeten einen wunderbaren Kontrast gegen die blauweißen Nebel auf den Bergen. Im Innern der Hütten brannte das starke rote Feuer, und das geschmolzene Metall lief, mit grünen und weißen Flammen, wie Lava in einer Rinne über den Boden hin.

Ein Eindruck blieb so lebhaft in meiner Erinnerung, daß ich glaube, ich kann ihn hier aufs Papier atmen, wenn nur diejenigen, die das Bild betrachten, es selbst mit den bunten Farben der Phantasie illuminieren wollen.

Pechschwarzer Abfall erhebt sich zu einem kleinen Berg außerhalb des rotgedeckten Hauses, in der Nähe braust die Ocker über die großen Steine; ein alter Bergmann schiebt seine Schubkarre über eine lange, schmale Brücke, und im Hintergrund, mitten im weißgrauen Dampf, steigen grünliche Rauchwolken in den Himmel; sie kommen aus den »Schwefelhaufen«, aufgetürmten Hügeln, in denen ein kräftiges Feuer entfacht ist, so daß der gelbe Schwefel über die Erde fließt.

Ein schmaler Pfad führte uns über Felder und Wiesen in einen grünen Laubwald hinein, der bald wieder den alten schwarzen Tannen Platz machte. Überall sprudelten Quellen hervor, so daß die Erde an mehreren Stellen in einen Morast verwandelt war und mein Führer einmal bis über die Knie hineinsank. Wir begegneten einigen wandernden Studenten in weißen Reisemänteln und mit Blumen auf ihren Mützen; eine andere Gesellschaft hatte drei bis vier große Hunde bei sich und schien Karl Moors Trabanten nicht unähnlich. Der Wald hallte von Pfeifen und Rufen wider; sonst aber hörte und sah ich keine andern Vögel in dieser großen stillen Natur.

Von der Ruine Harzburg war wenig zu sehen, auch gab es zu viele Büsche, so daß es so gut wie keine Aussicht gab.

Wir holten einen wandernden Postboten ein, der nach Blankenburg wollte; er erzählte uns, daß es auf diesem Wege bis vor zwei Jahren sehr viele »Spitzbuben« gegeben habe und daß es auch jetzt noch des Nachts hier nicht ganz sicher sei. Es war wunderlich, daß mir der Wald, indem er dies erzählte, auf einmal weit dichter, weit finsterer, aber auch feierlicher vorkam.

Es war ein Gewitter im Anzuge, und die erste Salve rollte zwischen den Bergen hin, als ich den Flecken Ilsenburg betrat.

Das gräfliche Schloß liegt sehr hübsch, sieht aber etwas verfallen aus. Nesseln wachsen hoch an den Mauern empor, von denen manch roter Steinbrocken in den Fluß herabgefallen war.

Der Brocken war ganz in die große Gewitterwolke eingehüllt, die ihre Blitze zwischen die Tannen hinabschleuderte; dennoch beschloß ich, nachdem ich einige Stunden ausgeruht hatte, den Berg zu besteigen.

Es meldete sich ein neuer Führer, das Gewitter war vorüber, und wir brachen auf in das schöne Ilsetal. – Das »Schöne«? Wie wenig besagt schon dieses tote Wort. Doch wenn selbst ein Maler mit seinen lebendigen Farben die Natur in ihrer ganzen Größe nicht wiederzugeben vermag, wie sollte es da ein Dichter mit Worten können? Nein, könnten Töne lebendig werden, könnte man mit Tönen malen wie mit Feder und Tinte, dann würde man das Geistige darstellen können, das unser Herz ergreift, wenn das lebendige Auge eine neue und wunderschöne Natur erblickt.

Mit wilder Fahrt lief die Ilse neben uns her; hohe, mit Tannen bewachsene Berge erhoben sich zu beiden Seiten. Die nackte Klippe des Ilsensteins, auf deren höchster Spitze ein großes eisernes Kreuz errichtet ist, stieg senkrecht in die Höhe. Es tat im Nacken weh, zu dieser Höhe hinaufzusehen, doch steht man auf dem Brocken, sucht sie das Auge tief unten. Die gegenüberliegende Seite ist eine Felswand von ähnlichem Äußeren, alles deutet darauf hin, daß diese Felsen bei einer großen Erdrevolution gespalten worden sind und dadurch ein Bett für die Ilse gebildet haben. In diesem mächtigen Gebirge lebt, so erzählt die Sage, die Prinzessin Ilse, die bei den ersten Strahlen der Morgensonne herauskommt und sich in dem klaren Flusse badet; glücklich ist der, der sie hier findet, aber nur wenige haben sie gesehen, denn sie fürchtet den Blick der Menschen, obgleich sie gut und freundlich ist.

Als die Sintflut die Menschen von der Erde vertilgte,

stiegen auch die Gewässer der Nordsee weit, weit nach Deutschland hinein, und die schöne Ilse flüchtete mit ihrem Geliebten aus den nördlichen Ländern hierher in den Harz, wo der Brocken ihnen einen Zufluchtsort zu bieten schien. Endlich standen sie auf diesem ungeheuren Felsen, der über dem anschwellenden Meer hervorragte, die umliegenden Länder waren von den Wogen bereits bedeckt, Hütten, Menschen und Tiere waren verschwunden. Sie standen ganz allein, Arm in Arm, und sahen hinab auf die Wellen, die sich an dem Felsen brachen. Aber das Wasser stieg noch höher; vergebens suchten sie nach einem hervorragenden Felsen, über den sie zum Brocken hinaufgelangen konnten, der wie eine Insel in dem flutenden Meere dalag. Da bebte der Felsen unter ihnen, eine ungeheure Spalte öffnete sich und drohte, sie fortzureißen; noch hielten sie einander an den Händen fest, die Seitenwände schwankten hin und her, sie stürzten beide in die brausende Flut. Nach ihr erhielt der Fluß den Namen Ilse, und noch immer wohnt sie in dem harten Fels mit ihrem Bräutigam.

Wir kamen tiefer in den Wald hinein, der Weg begann sich zum Brocken hinaufzuschlängeln, die sinkende Sonne konnte nicht durch das dichte Nadelholz dringen. Rings umher lagen Köhlerhütten, die alles in einen bläulichen Rauch hüllten; das Ganze bekam ein ruhiges, wunderbar romantisches Gepräge, es war ein Gemälde, das die Seele wehmütig stimmte.

Der Köhlerbube

Aus der Tannen dichter Mitte
Feuerroter Schimmer dringt,

Vor dem Meiler in der Hütte
Steht der Köhlerbub' und singt,
Bei des Feuers hellem Licht,
Rot und schwarz im Angesicht;
Und je mehr den Brand er schürt,
Stets die Glut noch größer wird.

Jener singt es wieder leise
Jenes alte Lied so schön:
»Jahr für Jahr auf selbe Weise
Immergrün die Tannen stehn,
So wie meine treue Lieb'
Grün, doch dunkelgrün stets blieb!«
Doch kein Trost sich zu ihm kehrt –
Stets die Glut sich nur vermehrt.

Der Weg ging immer mehr bergan, überall lagen ungeheure Felsblöcke. Die Ilse stürzte sich über die großen Felsmassen und bildete einen Wasserfall nach dem andern; bald war das Flußbett zwischen zwei engstehenden Felsen eingeklemmt, und der schwarze Strom kochte den schneeweißen Schaum, bald brauste er breit und herrlich zwischen umgestürzten Tannen hin und riß die starken, grünen Äste mit sich fort.

Je höher wir kamen, desto unbedeutender wurde das Flußbett, der Fluß verlor sich in verschiedene Quellbäche, zuletzt sah man nur noch große Wassertropfen, die aus dem Moos heraussickerten.

Hier bekam ich einen Begriff von einem nordischen Hünengrab so recht im Großen! Der Brocken ist ein solches. Stein liegt auf Stein getürmt, und über dem Ganzen ruht eine wunderbare Stille. Kein Vogel zwitschert in den niedrigen Tannen; rund umher wachsen weiße Grabesblumen in dem hohen Moos, und auf dem Berggipfel liegen Steine massenweise zerstreut.

Jetzt waren wir oben, aber alles war von Nebel umhüllt. Wir standen in einer Wolke.

Aus dem Wirtshaus brauste uns ein Musikchor entgegen; ich glaube, dort waren mehr als vierzig Reisende, und eine Gruppe hatte Instrumente mitgebracht und spielte muntere Weisen aus »Fra Diavolo«, der »Stummen« und anderen bekannten Stücken.

Viereinhalbtausend Pariser Fuß über der Meeresfläche, mitten in einer Wolke, aber hinter einer fünf Fuß dicken Mauer saß ich hier in der kleinen Stube und wärmte mich an dem glühenden Kachelofen. Die Matratzen im Bett sind mit Tang aus Dänemark gestopft, ich konnte mich also auf dänischem Boden ausruhen, hoch oben in dem fremden Wolkenhimmel.

Die Kühe wurden nach Hause getrieben, sie hatten Glocken umhängen, und das klang hübsch, aber draußen war noch alles Nebel. Der Wind fing an zu wehen und jagte die Wolken über die Bergspitze, als ob's eine Schafherde wäre. Drei reisende Damen mit großen Hüten auf den Köpfen liefen hinaus und pflückten weiße Brockenblumen, die Wolken strichen ihnen um die Beine, es sah aus wie die Hexenszene in »Macbeth«.

Es klopfte an meine Tür und herein trat – der gute Schulmeister, mit dem ich von Braunschweig aus zusammen gereist war; wir sollten uns also doch auf dem Blocksberge treffen. Er war mit dem alten Freunde, den er in Goslar besucht, bereits zwei Stunden früher als ich hier angekommen und hatte schon mit mehreren der Reisenden Bekanntschaft gemacht, die, wie er sagte, alle sehr nette und höfliche Menschen waren. Er war äußerst glücklich und zeigte mir, wie viele Verse, die er nach Hause mitbringen wollte, er schon aus den Brockenbüchern abgeschrieben hatte.

Bekanntlich findet man hier und an jeder denkwürdigen Stelle in Deutschland, die von Fremden besucht wird, ein Buch, in das diese ihre Namen einschreiben; oft findet man darin auch ganze Verse, und eine Auswahl davon hatte er sich schon abgeschrieben.

Ich fand in dem Buch die Namen von zwei dänischen Freunden und mehreren Bekannten. Auch Zeichnungen befanden sich darin, das Genie hatte sich auf mancherlei Weise kundgetan. Wie viele haben hier nicht an Unsterblichkeit gedacht, als sie ihren Namen einschrieben; nun, lieber Gott, wenn die alle unsterblich werden, dann werde ich es auch!

Der Schulmeister stellte mich seinem Freunde vor; aber der gefiel mir gar nicht, er sah mir so still und nichtssagend aus, während er sich doch Mühe gab, Ausdruck in sein Gesicht zu bringen. Es war ein Mensch, von dem man, wenn er Arzt gewesen wäre und mit dieser seiner gewöhnlichen Miene einem Patienten nach dem Pulse gegriffen, sich niedergesetzt und stillgeschwiegen hätte, gesagt haben würde: »Er denkt!« Obgleich ich glauben möchte, daß er gerade eine Pause im Denken machte.

Wir wurden inzwischen herausgerufen, wo sich die ganze Gesellschaft versammelt hatte. Die Musikanten hatten oben auf dem Turm Platz genommen, und alle andern Reisenden hatten sich mit Besenstielen, Ofengabeln und Feuerschaufeln versehen; sie luden uns zu einem großen Hexentanz in der dämmernden Abendbeleuchtung ein. Einer nahm den andern bei der Hand, klein und groß, dick und dünn überließen sich der fröhlichsten Ausgelassenheit, und das lustige Intermezzo nahm seinen Anfang:

DIE INSTRUMENTE AUF DEM TURM
Wir sind froh und Ihr seid froh,
Wir blasen, Ihr müßt brummen,
Da gibt's was aus »Fra Diavolo«,
Der »Braut« und aus der »Stummen«.

CHOR
Dolorem furca pellas ex,
So sing' ich bei dem Balle:
Ich bin 'ne Hex, Du bist 'ne Hex
Und Hexen sind wir alle!

FELSBLOCK
Tanzt nur! Ich kann, als stummer Stein,
Die Lust nicht von mir geben,
Doch werdet Ihr längst alle sein,
Wenn ich noch stets am Leben.

ELFEN
Wir tun hier in der Blumen Schoß
Uns köstlich amüsieren!
O Gott, wie sind die Leute groß,
Wie plump sie sich gerieren!

VERLIEBTER
Hier steh' ich über'm Wolkenthron,
Bekenn' jedoch von Herzen,
Dem Himmel stand ich näher schon,
Wenn ich mit Ihr konnt' scherzen!

CHOR
Dem Schicksal setz' ich U für X,
Ich will es schon korrexen;
Ich bin 'ne Hex, Du bist 'ne Hex,
Und wir sind alle Hexen.

So lärmte man lustig fort, erst gegen Mitternacht wurde es im Hause ruhig.

Der Mond drang allmählich durch den Nebel und warf seine weißen Strahlen in die lange, enge Kammer; ich konnte nicht schlafen und stieg deswegen den Turm hinauf, um die Aussicht zu genießen. Wer einmal im Traum über die Erde hingeflogen ist und Länder, Städte und Wälder tief unter sich gesehen hat, der kann sich eine entfernte Idee von dieser unbegreiflichen Herrlichkeit machen. Pechschwarz lagen die mit Tannen bewachsenen Berge unter mir, weiße Wolken, vom Mond beschienen, fuhren wie Geister an den Bergen vorüber! Da gab es keine Grenzen, das Auge verlor sich in einer Unendlichkeit; Städte mit ihren Türmen, Köhlerhütten mit ihren Rauchsäulen ragten aus dem durchsichtigen Nebelschleier hervor, den der Mond beleuchtete. Es war eine Traumwelt der Phantasie, die hier lebendig vor mir lag. Tief unten in den schwarzen Wäldern hatte zur Zeit des Faustrechts mancher Ritter mit seinen Leuten dem Kaufmann aufgelauert, der seine kostbaren Waren von Stadt zu Stadt brachte; da drüben, wo auf dem steilen Felsen jetzt keine Spur mehr davon zu sehen war, erhob sich eine Burg, hoch und stark, mit Mauern und Türmen, in der es in den langen Winterabenden von lustigen Gelagen widerhallte. Die Nebel stiegen höher und höher zwischen den schwarzen Bergen, die Wolken formten sich in wunderbare Gestalten. Dort, dachte ich, dort in diesem weiten Umkreis wächst die Zauberblume, die »Wunderblume« der Harzbewohner, die manches kindliche Herz noch in frommer Einfalt sucht. Nur einer hatte sie gefunden, aber er erkannte sie nicht, bis er sie wieder verloren hatte; ich suchte sie nicht hier, ich wußte, daß sie in meinem Herzen wuchs, die Engel hatten das Samenkorn hineingelegt, als ich noch in der Wiege schlummerte; sie blühte empor, sie verbreitete ihren magischen Duft. Die Phantasie, diese herrliche Blume des Lebens, entfaltete sich immer mehr in meinem Herzen, und ich hörte und sah eine größere Natur um mich her.

Hoch oben auf der Spitze des Ilsensteins stand die hübsche Prinzessin Ilse, vom kräftigen Mondlicht beschienen. Die versunkenen Burgen erhoben sich erneut, und Licht flammte durch die bunten Fenster. Zwischen den schwarzen Tannen erstanden die roten Mauern und mittelalterlichen Türme des Klosters; Messen wurden für die Seelen gelesen, und das Jagdhorn erklang mit siebenfachem Echo zwischen den Bergen. Fern, dort, wo Hackel den Horizont markiert, erstieg das versunkene Räuberschloß aus dem Moor, die Berge öffneten sich meinem Blick; und in der tiefen Schlucht sah ich Kaiser Friedrich hinter seinem großen Steintisch sitzen, in den sein langer, roter Bart fest eingewachsen ist. Über tausend schwarze Zwerge arbeiteten in den tiefen Gewölben und stapelten gleißendes Metall zu großen Haufen, während mein Auge in der weiten Ferne, wo sich das Blickfeld in der preußischen und braunschweigischen Ebene verliert, kriegerische Heere vorbeiziehen sah. Aber sie waren wie Nebel, und genau so sanken sie dahin; nur ein leuchtender Punkt blieb zurück wie ein Stern, der klar über die ganze Ebene leuchtete und noch strahlte, nachdem auch er hinter den

Horizont gesunken war. Bei dem Gedanken an den großen Kaiser vergaß ich die anderen herrlichen Trugbilder.

Doch da brauste es unter dem Turm, und ich sah, wie sich ein Heer verwachsene Gespenster und menschliche Gestalten in einem munteren Ringtanz auf dem Berge wiegten und wie sie ihre Besenstiele und Feuerschaufeln über den Bergrücken streckten, weit hinaus, um von dem versunkenen Stern das klare Licht zu kratzen und zu wischen. Aber sie kamen nicht an ihn heran, und so sprangen sie in heillosem Zorn auf und ab und grinsten mich garstig an. Es waren Leute mit Schwert und Lanze, mit Tinte und Feder und Orden auf den hübschen Kleidern; sie lachten mich aus und sagten: »Du wagst es nicht zu sagen, wen du hier siehst, kleiner Dichterling, nimm dich in acht! Das Brot wächst nicht auf den Bäumen, halt dich fest, damit du nicht fällst – hei!« Und dann stakten sie erneut gegen den hohen Himmel, wo der Sternenschein klar und herrlich leuchtete, und den sie doch niemals erreichen würden.

VI.

Der Morgen. Die Macht des Dichters.
Die Baumannshöhle. Der Altertumsforscher.
Blankenburg.

Es war ungefähr halb drei Uhr, als die Magd mich rief, um die Sonne aufgehen zu sehen; die meisten waren schon draußen, in Mäntel und Überzieher eingehüllt. Mit Tüchern um den Kopf gebunden stand die wunderlich bunte Menschengruppe aus höchst verschiedenen Orten da, alle mit einem Gedanken: »Jetzt geht die Sonne auf!«

Es war, als ob wir auf einer Insel ständen, denn die Wolken lagen tief unter uns, so weit wir sehen konnten, wie ein ungeheures, anschwellendes Meer, das sich mit einem Mal nicht mehr bewegen konnte. Kein Morgenrot zeigte sich an dem blauen Himmel über uns; die Sonne ging ohne Strahlen auf, wie eine große blutige Kugel; erst als sie über dem Horizonte war, strömte das klare Licht über das Wolkenmeer aus.

Unser alter Schulmeister stand mit gefalteten Händen da, sagte lange kein Wort, lächelte aber ganz zufrieden; endlich rief er aus: »Wenn ich doch Mütterchen und die Kinder hier hätte; – ja, die alte Anne (ihr Dienstmädchen), die würde sich bis in ihre innerste Seele freuen! Du lieber Gott, hier wäre ja Platz genug für sie alle zusammen. Das fällt mir doch jedesmal ein, wenn ich so etwas recht Schönes sehe; hier wäre nun so schön Platz für so viele gute Freunde, wenn sie doch hier wären und es mit genießen könnten!«

Als die Sonne höher stieg, fingen die leichten Wolken immer mehr an zu verdampfen, der Äther sog sie gleichsam ein, während der Wind die schweren zwischen die

Berge jagte, die jetzt wie Inseln aus dem großen Wolkenmeer hervorragten. Bald wurde alles immer klarer und klarer, wir sahen Städte und Kirchtürme, Felder und Wiesen wie die niedlichsten Miniaturgemälde um uns herum. Einen so herrlichen Morgen hatte man in diesem Jahr noch nicht auf dem Brocken gehabt. Wir sahen deutlich Magdeburg mit seinen Türmen, Halberstadt und Quedlinburg, die Türme der großen Domkirche zu Erfurt, die Bergschlösser der »Gleichen« und die Wilhelmshöhe bei Kassel, außerdem einer Menge kleiner Städte und Flecken. Ich kletterte auf den sogenannten Hexenaltar und die zehn Fuß höhere Teufelskanzel hinauf, trank von dem eiskalten Wasser, das aus dem Hexenbrunnen quillt, bekam einen Brockenstrauß, den die Magd mir an die Mütze heftete, sagte den neuen Bekannten von hier oben Lebewohl und namentlich dem guten alten Schulmeister, dem die Gesellschaft hier so gut gefallen hatte, daß er mich und alle bat, sich erst in sein Stammbuch einzuschreiben, damit er den Seinen zu Hause all die fremden, guten Menschen zeigen könne, mit denen er hier zusammen gelebt; fast alle von uns schrieben sich ein, ich als einziger auf dänisch, und dann trennten wir uns.

Ich hatte mich einer Familie aus Hamburg angeschlossen und diente nun den jungen Damen als aufmerksamer Kammerjunker, wenn der Pfad, der abwärts führte, allzu romantisch wurde, wofür man mir als Dank eines ihrer gemieteten Bergpferde anbot.

Der Führer ging voran, Schritt für Schritt folgte ihm die Karawane, und der kleine Esel, der das Reisegepäck trug, schloß den Zug. Wir hatten jeder einen grünen Zweig in die Hand bekommen, mit dem wir unseren langsamen Pegasus antrieben, der es sich zuweilen allzu bequem machen zu wollen schien. Der Weg zog sich bald durch dichte Waldungen, bald an Felsabhängen hin, wo wir dann tief unten die kleinen Berge mit ihren schwarzen Tannen erblickten; sie sahen aus wie kleine Hügel, auf denen man Kartoffeln gepflanzt hatte, die ihre niedrigen, grünen Häupter aufrichteten. Der wunderbar leichte Schleier, der über dem Ganzen unter uns lag, nahm sich aus, als ob wir durch ein großes grünes Glas die ganze Herrlichkeit erblickten. Zwischen einigen engen Felswänden war der Nebel zu einer Wolke zusammengepreßt, man konnte die Gegenstände darunter nicht sehen, und doch lag der Nebel so luftig und leicht da, daß das Auge fühlte, er müsse so fein wie die Luft selbst sein.

Die Vögel begannen zu singen, der Tau lag in klaren Tropfen auf den Blumen, und die Sonne schien auf die große prächtige Landschaft ringsumher. Die Welt ist doch schön! Welche unendliche Herrlichkeit von der kleinsten Blume mit ihrem Duft bis zu meinem Herzen mit seinen flammenden Gedanken und wieder von diesem bis zu dem großen Erdball mit den herrlichen Bergen und dem schwellenden Meer!

Was kümmert es das Herz, was die Blume träumt, wenn sie so wehmütig stark im Morgentau duftet. Es ist etwas viel Größeres, etwas viel Wichtigeres, das derartiges auslöst. Was kümmert wiederum die Welt die Sehnsucht des einzelnen Herzens und der Blumenduft; mächtigere Leidenschaften, der Kampf und der Untergang eines ganzen Volkes, Revolutionen in der Natur und im menschlichen Leben sind ihre Träume und Gedanken.

Der Morgen war so schön, darum sangen die Vögel, darum dufteten die Blumen, und auch mein Herz löste sich in Duft und Gesang auf; doch die Welt, die große, herrliche Welt – fühlte und hörte von alldem gleich viel. Allerdings besitzt sie auch schönere Blumen als die, die hier wachsen: Sie besitzt die Blume der Aufklärung, deren Duft alles durchdringt, veredelt und stärkt; auch kennt die Welt einen mächtigeren Gesang als die Vögel hier auf den Zweigen: den großen Morgengesang der Freiheit. Und das Herz – das träumende Dichterherz mit seiner Sehnsucht und seinem Schmerz, was ist das gegen das Herz eines ganzen Volkes, gegen den letzten, starken Schlag für Leben und Vaterland eines begeisterten Heldenherzens, das arme Polen!

Beinahe hätte ich ein Lied für das Volk gedichtet: »Ohne Vaterland«, noch immer möchte ich es tun, aber – was kann es ihnen helfen! – ich bekomme statt dessen häufig einen wunderlichen Anfall von gediegener Vernunft, so wie in diesem Augenblick, und das ist wahrlich ein Glück für ein junges, aufbrausendes Gemüt, das sich so leicht von dem gleißenden Großen hinreißen läßt, ohne an die Politik, die Verhältnisse und das Ende vom Ganzen zu denken.

Bei Elbingerode, einer kleinen Bergstadt, sagte ich meiner Reisegesellschaft Lebewohl. Nahe bei einer Brücke, die über einen Fluß führte, stand ein Leierkastenmann und spielte *»Adieu Français!«*. – Neben sich hatte er eine Art Tafel aufgestellt und mit Karikaturen, einem Pierrot, einem Harlekin, Seiltänzern und Kunstreitern bemalt. Ein paar Bauernkinder mit nackten Füßen standen da und starrten sie an, während die Sonne sie und die weit entfernt liegenden großen Berge beschien. Es war wirklich eine Situation, über die man eine lange poetische Abhandlung mit der Überschrift »Natur und Kunst« hätte schreiben können.

Bald erhoben sich die nackten Felswände an beiden Seiten, ein schmaler Fußpfad lief an dem engen Flußbett entlang, ich war in Rübeland, ein Name, den man von »Räuberland« herleitet, weil hier in alten Zeiten auf einem der Felsen eine Räuberburg lag, die aber jetzt bis auf die Wallgräben verschwunden ist.

Die ganze Natur ringsum hatte etwas Imponierendes, sie schien sogar so großartig auf mich herabzusehen, daß ich schließlich Papier und Bleistift zur Hand nahm, um ihr zu zeigen, daß ich ihr doch überlegen war:

Du stolzer Fels, und drohst du mir noch jetzt,
So wirst du doch in Verse hier gesetzt!
Du kleiner Fluß, du braust so wild dahin,
Es hilft dir nichts, auch du bist mittendrin!
Sogar der Vogel hier in all den Wiesenblumen,
Versucht zu flieh'n, kaum hat er mich gesehen;
– Wie, denkt er, entgeh' ich meinem Schicksal nicht?
Ich will – und zwitschern muß er im Gedicht.
Mir folgen muß, wohin ich meine Blicke richte,
Ein gar gefährlich' Hexenmeister bin ich,
wenn ich dichte!

Dort steht ein Mädchen! – Nackt, mit weißem Bein,
So schlank und hübsch, es könnte eine Weide sein,
Sie wäscht und wendet mir den Rücken zu.
Doch ihr Gesicht, es läßt mir keine Ruh'.
Ha, was ist das! – Versagt mir hier der Zauberstab,
Sie trotzt! – Gleichwohl ich im Gedicht sie hab'!
Wie sie da steht, so will ich sie bewahren,
So soll sie stehen und ihren Willen haben.
So ist das Ganze, denn wo Licht ist, ist auch Schatten,
Und von dem Mädchen wir auf immer nur
den Rücken hatten!

Jenseits des Dorfes Rübeland führte ein kleiner Bergpfad zu der Vertiefung im Felsen, wo man in die Baumannshöhle hineingeht. Hier fand ich zwei andere Reisende, jeder von uns bekam ein angezündetes Grubenlicht, der Führer ging voran, und wir stiegen hinab in diese versteinerte Phantasiewelt.

Der Eingang war ein niedriges Loch, das aussah, als habe es der Fuchs gegraben; wir konnten nicht aufrecht gehen. Es war, als ob wir in die Ruine eines alten Burgkellers kämen, wo die Mauern halb eingestürzt sind. Die Wassertropfen fielen mit einförmigem Plätschern herunter, sonst war alles totenstill. Wir kletterten, jeder für sich, mit unserem Grubenlicht in der Hand die nassen Stufen hinunter; rund um uns her, über und unter uns war eine kohlschwarze Finsternis, das Licht zeigte uns nur die schmale Treppe, die kein Ende zu nehmen schien. Die wunderliche Ungewißheit, wie tief es unter uns sei, machte es noch weit gefährlicher, als es in der Wirklichkeit war. Wenn man sich nur festhielt, wenn man nur Achtung darauf gab, auf die richtige Seite zu treten, erst mit dem linken Bein, dann mit dem rechten, und wenn die Treppe nur nicht in Stücke ging, dann war gar keine Gefahr vorhanden; anderenfalls könnten wir uns leicht den Hals brechen, war die ständige Versicherung unseres Führers.

Wie ist der Mensch doch im Grunde einseitig, in des Wortes eigentlicher Bedeutung! Wir sehen täglich den größten Abgrund über uns und einen meilenweit um uns herum, aber keiner von diesen flößt uns Furcht ein; dagegen macht uns der weit geringere, wenn er abwärts geht, schwindeln. Abwärts, das ist eine Seite, vor der wir allen Respekt haben, und doch müssen wir alle abwärts, da erst finden wir Ruhe und Rast.

Von Höhle zu Höhle stiegen wir immer tiefer; bald war es so eng und niedrig, daß wir einzeln mit gekrümmtem Rücken unter den herabhängenden Kalksteinmassen gehen mußten, bald so hoch und groß, daß wir bei unsern Lichtern nicht einmal die Seitenwände sehen konnten.

Man zeigte uns sechs verschiedene Abteilungen, aber außer diesen gibt es unendlich viel kleinere Abteilungen, die noch nicht alle erforscht sind; vielleicht stehen sie mit der Bielshöhle in Verbindung oder erstrecken sich sogar tief bis unter den Harz.

Rundherum gähnten diese tiefen, dunkeln Abgründe uns entgegen; rundherum hingen die wunderbarsten Stalaktiten, die jedoch nicht alle den Gegenständen entsprachen, denen sie nach des Führers Erklärung ähnlich sehen sollten. Ich glaube, daß es mir doch auch nicht an Phantasie fehlt, aber ich konnte mit ihm nicht einig werden! Übrigens gab es tausenderlei Dinge, die er nicht hervorhob, in denen aber weit mehr Bedeutung lag. Eine Orgel, ein Baldachin wie für einen Thron und eine Fahne, die der Tropfstein gebildet hatte, waren die drei Figuren, die am ähnlichsten waren; doch ich will mich hier nicht über diese gewaltige Natur-Phantasie beklagen. Alles, was man hier so sehr bewundert, sind nur Nachahmungen von Dingen, die sich in der Natur vollkommener zeigen. Ich halte die originalen Stalaktiten, für die sich nichts Entsprechendes findet, für interessant an sich; sie kamen mir wie bedeutungsvolle Hieroglyphen vor, die den Schlüssel zu den größten Heimlichkeiten der Natur verbargen.

Zu unsern Füßen sprudelte eine Quelle, wir tranken von dem reinen, klaren Wasser; einer der Reisenden fand hier einen Tierknochen, den er mit sehr viel Aufmerksamkeit betrachtete, und dann versicherte, daß es ganz gewiß ein

Überbleibsel aus grauem Altertum sein müsse. Ich hatte nichts dagegen, denn er sah ganz natürlich wie ein Knochen von einer Kuh aus, und die Kühe sind von altem Geschlecht.

Die Höhle hat übrigens ihren Namen von ihrem Entdecker. Es war ein Bergmann namens Baumann, der sie im Jahre 1670 zum ersten Mal betrat, um nach Erz zu suchen; er fand keines und wollte umkehren, konnte aber den Ausgang nicht finden. Zwei Tage und zwei Nächte kroch er umher, ehe er ihn fand, doch war er dann an Körper und Seele so ermattet, so von Angst und Hunger angegriffen, daß er kurz darauf starb, nachdem er gerade noch so viel Zeit gehabt hatte, auf die wunderbare innere Struktur der Höhle aufmerksam zu machen.

Des unglücklichen Baumanns Schicksal und die Gefühle, die er hier gehabt haben muß, durchschauerten mich so lebhaft in diesem Labyrinth von Höhlen und Gängen, daß mein Herz viel stärker schlug; ich fühlte, wie es ihm hier hatte zumute sein müssen, allein, der Angst und dem Hungertode überlassen; erst als ich das helle Tageslicht und Gottes blauen Himmel sah, fühlte ich mich wieder wohl und unter den Lebenden.

Es war, als erwachte ich aus einem häßlichen Traum und als lägen all die wunderlichen, unförmigen Schrekkensbilder versteinert hinter mir; die Sonne schien mir wieder in die Augen und ins Herz.

Der Altertumsforscher, dessen Bekanntschaft ich hier in der Höhle gemacht hatte, wollte an demselben Abend bis Quedlinburg und nahm seinen Weg über Blankenburg; wir wurden also Reisegefährten. Er kannte einen Pfad über die Felder, der uns eine halbe Meile Umweg ersparte. Wir kletterten daher den Hang hinauf, der hier nur unwesentlich

Blankenburg, 1849

höher als eine Mühle war, die im Tal stand und über deren großes Rad das Wasser strömte. Er war ein sehr gutmütiger Mensch, dessen Lebensglück an einer alten Münze hing; jeden Augenblick zog er seinen Kuhknochen hervor und versicherte, es müsse ein Knochen aus den Zeiten der Hunnen sein. Keine Landschaft, so gestand er mir, hatte für ihn das Lächelnde, die geistige Schönheit wie eine solche Antiquität. Er fragte mich, ob wir in Dänemark auch derartige Überbleibsel aus dem Altertum sammelten; ich mußte ihm erzählen, was ich davon wußte, und als ich von unseren Hünengräbern und Opfersteinen zu erzählen anfing, von denen man in Deutschland überhaupt nichts sah, bekam er ordentlichen Respekt vor unserer Heimat und pries mich glücklich, daß ich in einem solchen Lande der Sagen lebe. Er wollte mich durchaus mit nach Quedlinburg nehmen, um das Schloß, die alte Kirche und alle die vielen Merkwürdigkeiten dort zu sehen. Man denke, es gab da noch einen von den sechs Krügen, in denen Christus bei der Hochzeit zu Kanaan Wasser in Wein verwandelt hatte, ein Stück von dem Finger, mit dem Johannes auf Christus hingewiesen, eine Flasche voll von der Milch der Mutter Maria, Erde von Golgatha, Holz von dem Kreuz Christi und anderes mehr; und was vor allem bemerkenswert war, den Kamm, mit dem Heinrich der Vogler seinen Bart gekämmt hatte. Aber alle diese Herrlichkeiten führten mich nicht in Versuchung; mein Verlangen war auf die große Natur gerichtet.

Am ersten Gasthaus lud ich meinen Wanderfreund ein, ein Glas Wein mit mir zu trinken. Hier trafen wir einen jungen Reiter, einen sehr redegewandten Herrn aus der Umgebung. Er war ein hübscher Mann und hatte ein hübsches Pferd, aber ich merkte bald, daß es nicht geht, Reiter und Pferd in einem Atemzug zu erwähnen, wenn ich nicht in Pleonasmen sprechen wollte. Wir gingen alle drei ein Stück gemeinsam durch den Wald, da von beiden Seiten jedoch nichts Interessantes gesagt wurde, kann ich auch nichts Interessantes erzählen, so gern ich es täte, und so kam ich endlich nach Blankenburg. Am Tor erkundigte ich mich nach den Namen der besten Gasthöfe; man nannte mir unter andern den »Weißen Adler«, und ich wählte diesen, denn der Adler war ja Jupiters und Napoleons Vogel. Ein einladendes Schild, aber so hatte es sich der Wirt sicher kaum gedacht, als er es über seine Tür malen ließ. Ich bekam ein Zimmer mit einer malerischen Aussicht. Vis-à-vis hatte ich als Nachbarn zwei Studenten mit roten griechischen Mützen und schottischen Schlafröcken. Große Folianten lagen auf dem Tisch und die Herren selbst mit ihren langen Pfeifen im Fenster, während das alte Schloß Blankenburg, das auf einem Berge erbaut ist, hoch über dem Dach des Hauses hervorragte, das als Vordergrund zu der hübschen Theaterdekoration dalag.

Mit einigen *studiosi theologiae* aus Osterode, deren Bekanntschaft ich auf dem Brocken gemacht hatte und die nun auch im »Weißen Adler« wohnten, ging ich zum Schloß, das ein Drittel der Stadt ausmacht. Die Stadt ist geteilt in das Schloß, den eigentlichen Ort und die Gärten außerhalb der Gemeinde. Das Schloß soll zweihundertfünfzehn Zimmer haben, alle geschmückt und möbliert im ältesten Stil, einen großen Bibliothekssaal ohne Bücher und einige Gemälde, unter anderem ein Porträt der »Weißen Dame«. Wir kamen an das Tor, doch hier war ein Plakat aufgehängt, auf dem stand, daß das Gebäude renoviert würde (nachdem es zur Residenz des derzeitigen Herzogs von Braunschweig wurde) und niemand in den

Schloßhof dürfe. Wir unternahmen noch einige Versuche, das Innere zu sehen, aber vergeblich. Wir mußten uns mit der hübschen Aussicht von der Terrasse begnügen, von dort aus gesehen lag die Stadt Blankenburg mit ihren roten Dächern zwischen Wäldern und den grünen Gärten wie eine Kirsche auf einem Kohlblatt.

VII.

Die Ruine Regenstein. Die Schneidersfrau. Die Roßtrappe. Wanderung nach Alexisbad.

Um vier Uhr morgens waren wir wieder auf den Beinen, unsere Brockensträuße saßen noch ganz frisch auf unseren Mützen, eine Führerin erwartete uns, und so zogen wir sechs Studiosi nun aus der Stadt hinaus zu den Ruinen des alten Bergschlosses Regenstein, die ganz nahe bei Blankenburg liegen. Die Felder standen von Tau bedeckt, es war das starke Sonnenlicht, das Gras und Blumen Wasser in die Augen trieb; wir gingen durch eine Allee von Kirschbäumen und hüpften über das nasse Feld, indem jeder lustig seine Melodie sang. Die Vögel nahmen sich an uns ein Beispiel, so daß die ganze Gegend von Studenten- und Vogeltrillern widerhallte.

Wir stiegen den Felsen hinan, auf dessen höchster Spitze die Ruine des Schlosses Regenstein liegt; das Gemäuer ist verschwunden, aber alles, was in den Felsen selbst eingehauen ist, steht wie eine mächtige Riesen-Mumie und erzählt von vergangenen Zeiten, obwohl es kein Wort sagen kann. Es war für mich so beeindruckend, so groß, daß es mir erst richtig bewußt wurde, als sich der Bleistift in meiner Hand bewegte und das kolossale Bild in das Tagebuch zeichnete; ich wurde zum Zeichner, ohne auch nur eine einzige Stunde Unterricht bekommen zu haben. Tief unten lagen die Felder wie Beete in einem Gemüsegarten, der Bauer hinter seinem Pflug war ein Schneckenhaus, das auf der Erde dahinkroch. Die Kirche, die in den Felsen gehauen ist, wölbt sich noch ebenso fest, den Jahrhunderten trotzend, aber sie ist nur eine große Höhle, ohne Form;

die Gemächer, die als Schlafstellen gedient haben, sind nur Vertiefungen im Felsen, wo die große Steinmasse über den Häuptern schwebt; wir warfen Steine in den tiefen Brunnen hinab und wollten uns schon beinahe wieder entfernen, ehe wir sie aufprallen hörten.

»Wenn diese Steine sprechen könnten«, sagte ich, »da würden sie uns mancherlei erzählen können, was hier geschehen in der langen Zeit, seit Heinrich der Vogler diese Burg erbaute, bis ich aus Dänemark kam und ihre Ruinen sah; wir könnten gewiß einen Beitrag zu Wallensteins Geschichte und dem Dreißigjährigen Krieg leisten; bestimmt könnten wir interessante Geschichten aus dem Siebenjährigen Krieg hören, und ganz sicher bekäme ich auch Ideen für das ein oder andere ritterliche Gedicht!« Als ich das sagte, nickten die Blumen rundherum mit ihren großen Köpfen und sahen recht dumm und stolz dabei aus, als ob sie sagen wollten: »Ja, du hast recht. Wenn wir sprechen wollten, dann könnten wir erzählen!« Und doch wußten sie gar nichts; sie waren ja alle Kinder dieses Jahres, alle schossen mit ihren Blumenstengeln erst in diesem Frühjahr in die Höhe.

Wir ließen uns auf der höchsten Spitze des Felsens nieder, der die Decke der Kirche bildet, und blickten nun recht vergnügt in die weite Welt hinaus. Unter uns waren vor Jahrhunderten Meßgesänge ertönt und hatten um das heilige Bild der Madonna Ampeln gebrannt, und nun saßen wir wie profane Vögel, wenn auch ohne etwas Böses dabei zu denken, und sangen Opernmelodien und machten Witze, so gut jeder konnte. Ich mußte von Dänemark erzählen und vom Meere – dem Meer, das dieses herrliche Gebirgsland nicht kennt, aber wie kann man das Meer jemandem beschreiben, der es nie gesehen hat? Ich wußte es

Harzlandschaft bei Regenstein, 1853

mit nichts Besserem zu vergleichen als mit dem großen blauen Himmel; wenn man den über das flache Feld ausspannen könnte bis an die Grenze des Horizonts, dann würde er ein Meer sein. Es schien, als ob ihnen dieses Bild klar würde.

Mit den Augen wie mit den Gedanken verschlang ich gleichsam die weite Aussicht von den Ruinen dieses alten Bergschlosses. Ich sah in die Tiefe hinab und machte dann, wenn ich hinabgesehen hatte, die Augen zu, gleichsam um zu prüfen, ob ich auch die ganze Tiefe aufgefaßt hätte. Wenn ich aber die Augen wieder öffnete und erneut hinabsah, da war es doch viel tiefer, als ich mir vorgestellt hatte. Die Ausdehnung nach allen Seiten hin war weit größer als die Erinnerung umfassen konnte. Ich durchlief das ganze Bild, das die Gedanken sich geschaffen hatten, und verglich es dann mit der Wirklichkeit. Städte und Felsen erhoben sich da im weiten Umkreis, die Berge mit ihren Waldungen, Blankenburg mit seinem Schloß und selbst die kleinen Menschen- und Tierfiguren tief unten traten dann stärker hervor. – Der Regenstein selbst mit seinen engen Gemächern, eingestürztem Brunnen und Treppen, die nur aus der freien Luft in das gleiche Element führten, erhielt, wie ein Bild für sich, einen eigenen Platz in dem Pantheon meiner Erinnerung. Eine jede Ruine steht doch da wie ein leibhaftiges Heldengedicht, das uns in der Zeit zu andern Menschen, andern Sitten und Gebräuchen zurückversetzt; je höher das Gras in den Rittersälen wächst, je langsamer die Flut über die umgestürzten Pfeiler dahingleitet, desto mehr Poesie findet das Herz in diesem Steinepos; dereinst wird diese Ruine ganz verschwinden, selbst die letzte Spur von des Regensteins ausgehauenen Felsblöcken wird abbröckeln und einstürzen, aber dann wird die Sage von dieser Stelle noch lange fortleben so wie jetzt noch die Erinnerung an manches Werk der Alten, das längst gänzlich verschwunden ist.

Noch an diesem Vormittag wollten wir zur Roßtrappe, zu einer der romantischsten Gegenden des Harzes. Wir sagten dem alten Bergschloß Lebewohl; ein kleiner Pfad, der sich durch die mit Gebüsch bewachsene Felskluft hinschlängelte, brachte uns nach Blankenburg zurück, von wo wir noch ein Stück der breiten Landstraße folgten, an der gelbe aufgeblühte Rosen gepflanzt waren. Unsere Führerin, mit der wir unser Frühstück teilten, wurde gesprächig und erzählte uns in der freien Natur ihre häuslichen Freuden und Leiden. Ihr Mann betrieb das Schneiderhandwerk, war aber für etwas Höheres geboren als für den Tisch, auf dem er saß. Vor zwei Jahren gab es eine Hinrichtung in dieser Gegend, die hatte sein schlummerndes Talent geweckt; er war Poet geworden und hatte des Mörders ganzes Leben und Ende in einem herzzerreißenden Liede besungen, das so abgefaßt war, als wenn der Verbrecher selbst es auf seinem letzten Gange sänge, und zwar nach der Melodie »Wir winden dir den Jungfernkranz«. »Damit hat er doch vier Taler verdient!« sagte die Frau, »und voriges Jahr zwei Taler mit einem andern über eine Hebamme, die in einem Dorfweiher ertrank. Die Dichtkunst wirft mehr ab als die Nadel, aber das ist vorbei, denn jetzt ist er so unvernünftig geworden und trinkt gern einen über den Durst. Jetzt fällt nichts mehr vor, was er besingen könnte, und die Nadel mag er nun nicht mehr führen, so daß es gar schlimm aussehen würde, wenn ich nicht etwas damit verdiente, die Reisenden herumzuführen. – Dort«, unterbrach sie sich selbst und zeigte links hin über die Felder, »dort liegt die Teufelsmauer, die der Teufel damals errichtete, als er sich mit unserem Herrgott um die Herrschaft auf der Erde stritt!«

Ja, uns zur Seite erhob sich dieser wunderbar geformte Erdrücken, der wie die Überreste einer ungeheuren Schanze aussieht und sich so weit hin erstreckt, wie das Auge nur sehen kann. Die Sage erzählt, daß der Teufel nicht damit zufrieden gewesen sei, die Herrschaft über die halbe Erde erhalten zu haben, und als er deswegen den Streit erneuerte und auch seinen früheren Teil verlor, sei seine stolze Schanze niedergerissen worden. Andere erzählen, daß sie von den bösen Geistern errichtet worden sei als eine Mauer gegen die Lehre Christi, damit diese sich nicht weiter verbreiten sollte; aber die Steine brachen zusammen vor dem lebendigen Wort.

Als ich die Schneidersfrau weiter ausfragte, ob es nicht möglich sei, die edle Dichtkunst zu lernen, vertraute sie mir an, daß ihr Mann ein altes deutsches Gesangbuch habe, dem er viele Stellen und die besten Reime entnehme, daher hätten auch alle seine Gedichte etwas Geistliches, das sie so rührend machte.

Wir verließen nun die Landstraße und kamen über Felder und Wiesen in grüne Laubwaldungen hinein; nie habe ich so viele Nachtigallen gehört wie hier. – Die Sonne stand noch am Himmel, aber sie schienen dies in dem dichten Gebüsch nicht zu merken. Gott mag wissen, wie die Leute auf den Einfall gekommen sind zu behaupten, daß in diesem Gesang etwas Klagendes, etwas Sehnsüchtiges liege, nein, nichts weniger als das! Die Nachtigall hat geradezu italienische Manieren; das meiste sind Triller und Läufe mit der Stimme, sie klagt gar nicht, sie singt ihre stolzen Bravour-Arien aus vollem Halse. Etwas weit Tieferes und Feierlicheres liegt in dem Gesang der Drossel; sie flötet uns ein nordisches Heldenlied vor, einfach, aber rührend, wenn sie daheim in Dänemark in der Morgenstunde auf den moosbewachsenen Bautasteinen sitzt.

Bald eröffnete sich uns eine weitere Aussicht, das herrliche Bode-Tal lag in seiner weiten Ausdehnung vor uns, nun sollten wir daran, die Berge zu besteigen; wir ruhten erst etwas aus, um Kräfte zu sammeln. Dann ging's bergan; wir ermatteten ganz, während ein Paar weiße Schmetterlinge, in großen Ringelreigen umherflatternd, uns ganz bis nach oben begleiteten und uns schwache Menschenkinder zu verspotten schienen. Ganz oben verließen wir unsern weiblichen Führer und bekamen statt dessen einen männlichen, der hier oben wohnte; er nahm seine Pistole, und nachdem wir sein Birkenwasser probiert hatten, das wie Champagner schäumte, folgten wir ihm zur sogenannten Roßtrappe, dem wildesten und romantischsten Punkt im ganzen Harz.

Lotrecht gehen die hohen Felswände in den tiefen Abgrund hinab. Man sieht in eine große, herrliche Bergnatur hinein, wo sich Fels an Fels reiht, fast alle mit dunklem Nadelholz bewachsen, und in der Tiefe, in die hinabzusehen man schwindlig wird, braust die Bode dahin; wir sahen da unten einen Zug von Reisenden, aber die sahen gerade so aus wie Blumen in einem Beete. Die Brücke über den Fluß glich einem Spielzeug, das aus einem einzigen Weidenzweig gemacht war; man schoß eine Pistole ab, deren Echo in den Bergen widerhallte wie der stärkste Donner. Man zeigte uns in der Felswand eine Vertiefung, die wie ein kolossales Hufeisen aussah und wovon die Stelle hier ihren Namen hat. Der kleine Junge des Führers, der mitgelaufen war, trank aus der hohlen Hand von dem Regenwasser, das sich darin gesammelt hatte, indem die Phantasie ihm gewiß klarer als uns die Sage von der flüchtenden Prinzessin, der wunderschönen Emma vom Riesengebirge, zeigte. Wenn er einmal älter ist, wird er seinem Vater in dem Beruf als Führer folgen und auch so ruhig erzählen, wie hier vor vielen tausend Jahren Riesen und Zauberer wohnten, die die hundertjährigen Eichen aus den Bergen herausrissen und sich ihrer als Keulen bedienten, womit sie Weiber und Kinder totschlugen; er wird von dem großen Bodo erzählen, der die schöne Emma liebte und sie bis hierher verfolgte, wo sie mit ihrem Pferde hinübersprang. Aber dann wird er nicht mehr selbst, wie jetzt, das große, herrliche Bild in den Farben der kindlichen Phantasie sehen. Jetzt sieht er sie mit der großen, schweren Goldkrone und dem flatternden Gewande von Berg zu Berg fliehen, von Fels zu Fels, durch Täler und Wälder, so daß die hohen Eichen und Buchen unter dem Hufschlag des Pferdes niederstürzen, und den wilden Bodo hinterher, so daß die Funken aus den Felsen springen und die Täler ringsumher erleuchten. Jetzt ist sie hier am Abgrund angekommen, sie sieht die Tiefe vor sich, wo der Fluß schäumend über Felsstücke dahinbraust, und doch erscheint die gegenüberliegende Felskuppe noch entfernter als diese ungeheure Tiefe; hinter sich hört sie Bodos Roß, und in der Angst der Verzweiflung ruft sie den Ewigen an, drängt sie die scharfen Sporen in die Seite ihres Pferdes, das seinen Huf so fest in den Fels drückt, daß er nach Jahrtausenden noch dasteht, und mit einem Sprung über den tiefen Abgrund dahinfliegt – und sie ist gerettet, nur die goldene Krone fällt ihr vom Haupte in die Tiefe, in den Wirbel des Stromes hinab, wohin der wilde Bodo ihr nachfolgt und zerschmettert auf dem harten Fels liegt.

Alle diese Träume der Phantasie werden vergehen, der

Kleine wird auch einmal wie sein Vater ruhig dastehen und seine Pistole abfeuern und vielleicht höchstens berechnen, wie groß diesmal die Einnahme von der Reisegesellschaft sein kann. Aber Träume sind ja Blumen! Es gibt böse und gute! Blumen müssen verblühen, allein auf dem alten Stengel wachsen wieder neue! Vor der neuen Kinderschar wird auch wieder die Prinzessin mit der goldenen Krone und dem fliegenden Gewande vorbeijagen, auch sie werden, wie jetzt dieser Kleine, in die Bode hinabschauen und glauben, daß sie das rote Gold aus dem Wasser hervorschimmern sähen, das einst so breit und tief war, daß ein Taucher vor dem versammelten Volk hineinstieg und die goldene Krone fand, die er so hoch emporhob, daß die Spitzen über die Wasseroberfläche ragten. Aber sie war groß und schwer, zweimal fiel sie ihm aus den Händen; das Volk rief ihm zu, daß er noch einmal auf den Grund hinabgehen solle, er tat es – und ein Blutstrahl schoß aus dem Wasser herauf, man sah weder ihn noch die goldene Krone jemals wieder.

Hier verließ ich die lustigen Studenten und zog weiter vorwärts in die große, schöne Welt. Dicht unter dem Felsen lagen Blechhütten, an denen ich vorbei mußte, ich bedurfte also keines Führers; man schwang die Hüte zum Abschied und winkte mir noch mit den Taschentüchern, als ich schon halb unten war. Es war mir ganz wunderbar zumute, ihr Lebewohl zu vernehmen, gewiß das letzte in diesem Leben; denn wie sollten wir alle je wieder im Leben zusammenkommen? Es liegt etwas eigentümlich Interessantes darin: sich zu begegnen, sich kennenzulernen und dann auf immer zu trennen.

Bald war ich unterhalb der Roßtrappe, die Bode brauste vor mir über die großen Steine, und an der andern Seite lief die Landstraße an den rotgedeckten Häusern vorbei; aber ich sah keine Brücke – ich mußte hinüber, nur wie? Ich lief am Flußufer entlang, aber so weit ich nach beiden Seiten sehen konnte, war kein anderer Übergang möglich, als durchzuwaten oder von Felsstück zu Felsstück zu springen; ich wählte das letztere, kam aber nicht weiter als bis in die Mitte des Flusses, wo der Strom auf beiden Seiten um den großen Steinbrocken brauste, auf dem ich stand. Von hier aus sah die ganze Gegend übrigens am besten aus, und wäre ich ein Maler gewesen, so hätte ich Papier zur Hand genommen und zuerst mit ein paar feinen Strichen das unendlich große Tal mit seinen Städten und Kirchtürmen darin angedeutet, daraufhin mit stärkeren Konturen die freundlichen Gebäude angebracht, wo sich gerade der Rauch auf die roten Dächer senkte, und zuvorderst die wilde Bergpartie mit den Tannen und der brausenden Bode gemalt. Ich war nun aber kein Maler, in diesem Augenblick sah ich auf das Ganze, nur um eine Brücke zu finden, bis ich endlich eine ziemliche Strecke weiter, wo der Fluß eine Krümmung machte, eine Brücke entdeckte.

Als ich zu den Blechhütten kam und mich dem Wirtshaus näherte, glaubte ich, daß ein feindliches Heer sein Quartier darin aufgeschlagen hätte. Es war ein Lärm, als würden Tische und Stühle übereinandergeworfen; ich trat in die Gaststube hinein, und die ganze Mannschaft bestand aus – vier Jenaern Studenten. Sie trugen vollständig Burschentracht, und jeder hatte einen grünen Eichenkranz um den Kopf, von dem ihnen das Haar in langen Locken über die weißen, gestickten Halskragen herabhing. Sie sangen alle vier aus voller Kehle und trommelten dabei mit den Bierflaschen auf den Tisch, daß Gläser und Teller tanzten. Übrigens sahen sie recht gutmütig aus und machten eine Pause in ihrer musikalischen Übung, als ich eintrat. Wir kamen bald in ein Gespräch; sie wollten eine Brockenreise machen und waren zu Fuß von Jena gekommen. Als sie hörten, daß ich ein Däne und Student sei, fragten sie mich allerlei; sie wollten wissen, ob wir keine Burschenschaften hätten und welche Farben ich trüge, und da ich ihnen die Versicherung gab, daß wir nichts von alledem kennen, zeigten sie mir ihre Mützen und erzählten mir, daß sie Sands Farben trügen. Ob ich Sand kennen würde? Und nun flammten ihre Augen, indem sie sagten, welch ein herrlicher Mensch dies gewesen sei. Sie waren noch Kinder, als er hingerichtet wurde, aber sie erinnerten sich noch ganz gut an ihn und wie sein Kopf von dem Richtschwert des Henkers gefallen war.

Ihre Vorstellungen von Dänemark waren übrigens äußerst unvollkommen; so glaubten sie zum Beispiel, daß bloß die niedere Klasse dort Dänisch spreche, daß aber Französisch die Sprache des Hofes und der Gebildeteren sei.

Als ich den Namen Oehlenschläger nannte, fragten sie, ob wir einige von seinen Stücken übersetzt hätten; ich antwortete, daß wir sie im Original besäßen, und nun wunderten sie sich nicht wenig, als sie hörten, daß Oehlenschläger ein Däne sei, daß er in Dänemark lebe und dort schreibe. Ich mußte ihnen beschreiben, wie er aussehe, ihnen von ihm und seinen Arbeiten erzählen; und als sie hörten, daß ich den Dichter persönlich kenne und daß er sich gerade jetzt in Deutschland aufhalte, da sahen sie mich recht freundlich an. Als wir voneinander schieden, schenkte mir der eine seinen Eichenkranz, den er von seinem Kopfe nahm und an meiner Mütze befestigte; natürlich erhielt ich den nur Oehlenschlägers wegen.

Mein Weg führte mich nun nach Gernrode; wenn sich aber nicht eine reisende Harfenistin des friedlichen Wanderers angenommen hätte, so würde ich mich in den grünen Laubwäldern verirrt haben. Ich fragte, ob sie aus dem Riesengebirge käme, aber sie war aus einer anderen Ecke und mit Lafontaine überhaupt nicht verwandt. Nachdem sie mich auf den rechten Weg geführt hatte, setzte sie sich auf einen Stein unter einem großen Nußbaum und spielte mir sogar noch zum Abschied ein Stück vor; dann trennten wir uns, sie mit der Harfe auf dem Rücken und ich mit der Harfe im Herzen, beide mit der Absicht, der Welt etwas vorzusingen.

Wälder und Wiesen wechselten miteinander, auch erblickte ich zwischen dem hohen Gebüsch eine alte Bergruine, sie sah aber sehr verfallen aus, wurde jedoch gerade durch ihr Alter zur Zierde der Gegend. Es war, als habe Ossian gerade diese im Sinne gehabt, als er sang: »Hier schüttelt der Efeu sein Haupt, und der Fuchs sieht zum Fenster hinaus.« Es waren die letzten Überreste des Schlosses Lauenburg.

Gernrode ist ein kleiner, stiller Ort; ich sah beinahe gar keine Menschen auf der Straße, aber in einem kleinen Hause stand ein Fenster offen, und ich hörte eine weibliche Stimme ein hübsches Lied von der Liebe singen. Ich horchte, und da die Unsichtbare nicht erschien, nahm ich den Eichenkranz von meiner Mütze und legte ihn, nachdem ich ein Blatt davon bewahrt, zum Dank für den Gesang schweigend auf der Türschwelle nieder; dann wanderte ich zur Stadt hinaus. Der Weg führte steil an einem Berg hinauf, die lehmige, gelbe Erde hob sich stark vom violettblauen Himmel ab, ich traf ein paar alte Frauen und zerlumpte Kinder mit Brennholz auf dem Rücken, das sie im Wald gesammelt hatten; ich setzte mich nieder und schrieb in mein Tagebuch, eine Biene summte neben mir in einer Blume, und so waren alle Figuren auf diesem Gemälde beschäftigt.

Als ich mich dem Mägdesprung näherte, ging die Sonne unter; es war ein vollkommenes Halbdunkel auf dem Wege zwischen den Bergwänden, aber das Licht fiel desto stärker auf die Gipfel der Bäume, welche lange, schwarze Schatten warfen. Hier holte ich zwei Schüler ein, mit denen ich auf dem Brocken zusammen gewesen war; der eine war aus Berlin, der andere aus Magdeburg; sie waren während ihrer Schulferien in die große Natur hinausgeflattert.

Wir begegneten auf der Straße auch einem Kerl, der so aussah, als sei er leibhaftig aus einer Räubergeschichte entsprungen; aber er tat uns nichts, als er sah, daß wir so mannsstark waren; wir taten ihm auch nichts, und damit war diese Artigkeit bezahlt.

Bald sahen wir das schwarze eiserne Kreuz auf dem Felsen über uns, von dem sich, wie die Sage erzählt, ein junges Mädchen herabstürzte, als der fürstliche Liebhaber ihr nachsetzte; doch fand sie nicht den Tod, der liebe Gott ließ den Wind sie langsam herabtragen, dorthin, wo die wilden Brombeeren zwischen den Felsen wachsen. Ob die Gegend nach dieser Sage den Namen Mägdesprung erhalten hat, ist ungewiß. Ottomar erzählt uns, daß zwei Riesenmädchen hier auf der steilen Felswand spielten; die eine hüpfte über den großen Abhang, wo jetzt der Weg geht, aber die andere fand den Sprung doch etwas bedenklich; sie zögerte erst ein wenig, sprang dann aber doch zu, so daß ein Abdruck ihres Fußes im Stein blieb. Ein Bauer, der unten pflügte, sah dies und lachte über die große Dame, weswegen sie ihn mit seinem Pflug und seinen Ochsen in ihre Schürze nahm und ihn mit nach Hause in die Berge brachte.

Obschon ich als großer, vernünftiger und konfirmierter Mensch recht genau wußte, daß das Ganze nur eine Dorfphantasie war, daß weder eine Bergdame hier hüpfte noch sonst irgendein menschliches Wesen heruntergesprungen ist, ohne sich den Hals zu brechen, mußte ich mir diesen Ort doch etwas näher betrachten, der jeden tief ergreift, der die große Natur liebt.

Es sind nicht bloß die stolzen Felsmassen mit ihren unübersehbaren Waldungen, das hohe Gebüsch, das sich über den brausenden Fluß hinschlängelt, oder die tote Steinmasse eines halbverfallenen Gebäudes, welche diese Gegend romantisch machen; erst wenn sich an diese Natur die eine oder andere Sage knüpft, erscheint das Ganze in seiner vollkommenen magischen Beleuchtung, die es so recht vor dem Auge der Seele hervorhebt. Dann bekommen die toten Massen Leben, es ist keine tote Dekoration mehr, es kommt Handlung hinein, jedes Blatt, jede Blume stehen da wie ein redender Vogel und die Quelle wie eine singende Fontäne, die ihre ewig rieselnden Akkorde zu diesem Melodrama der Geister schlägt.

Die Gegend ringsumher bekam einen doppelten Reiz für mich durch ihre Sagen; auch auf diesem Wege waren Leben und Bewegung; wir begegneten Kohlenbrennern mit schwarzen, charakteristischen Gesichtern und Bauernmädchen, die wie Milch und Blut aussahen. Der Fluß Silke plätscherte an uns vorüber; er erzählte gewiß, was wir übrigens selbst sahen, daß alles sehr schön sei.

Bald hörten wir Geräusch aus den zahlreichen Werkstätten; wir stiegen zu dem merkwürdigen eisernen Obelisken hinauf, den der Herzog hier im Jahre 1812 zum

Gedächtnis seines verstorbenen Vaters hatte errichten lassen; er ist ganz aus Eisen und soll der höchste in Deutschland sein. Wir schrieben unsere Namen mit Bleistift an ihn, wie so viele andere vor uns es auch schon getan hatten.

»Unsterblich zu werden«, das ist doch ein Gedanke, der selbst auf oft recht kindische Weise aus der armen Menschenbrust hervorleuchtet!

Bald werden Regen und Schnee diese bleistiftene Unsterblichkeit auslöschen, und ein neues Geschlecht wird seinen Namen wieder dahin schreiben, bis endlich auch der Obelisk selbst von der Zeit ausgelöscht wird. So suchen wir auf der Lebensreise unsern Namen an den großen Obelisken der Welt anzuschreiben, wo ein Name dem andern Platz machen muß, bis diese große Schreibtafel selbst in Stücke gehen wird. Gott weiß, welcher Name als der letzte daraufstehen wird! Wahrscheinlich der des Baumeisters, der ihn zu seiner eigenen Ehre und des Ganzen Verschönerung aufrichtete.

In Alexisbad waren noch keine Gäste angekommen, sie pflegten erst in den warmen Sommermonaten sich einzufinden. Die Quelle befand sich in einem tempelförmigen Gebäude, in dem man auf breiten, steinernen Treppen zu ihr hinabstieg. Hier saß ein junges Mädchen mit ihrem Krug, das war Rachel am Brunnen; der Mann, der uns das Wasser reichte, war auch, was man in Dänemark einen »langen Laban« nennt. Die Schüler und ich standen da wie durstige Kamele, die von der Hitze und dem Marsch des Tages müde waren, so daß wir zusammen ein vollständiges biblisches Gemälde darstellten.

Ganz in der Nähe liegt der Flecken Harzgerode, dort wollte ich übernachten. Was mir hier am meisten behagte, war, daß die Uhr bereits auf elf am Abend ging, als ich eintraf; ich brauchte also nur vier bis fünf Stunden zu bleiben. Ansonsten war es wirklich eine nette Stadt! – Gott bewahre! Die Straßen waren mit schwarzweiß-geädertem Marmor belegt.

Ich spürte ein ungeheures Eilen in mir, um bloß wieder wegzukommen, ja, ich wünschte wirklich, im Galopp zu schlafen und die Zeit im gleichen Tempo vergehen zu lassen.

VIII.

Situations-Bilder auf der Wanderung nach Eisleben. Martin Luther.

Ein wunderbares Eilen und Drängen mit allem, was in mir lebt, macht eigentlich meinen Grundcharakter aus! Je interessanter mir ein Buch ist, desto mehr eile ich, es durchzulesen, um den ganzen Eindruck davon zu bekommen; selbst auf meiner Reise ist es nicht so sehr die Gegenwart, die mir Freude macht, ich eile nach etwas Neuem, um wieder zu etwas anderem zu gelangen; jeden Abend, wenn ich mich zur Ruhe begebe, sehne ich mich nach dem nächsten Tage, wünsche, daß er erst da sein möge, und wenn er da ist, so ist es doch wieder meine entferntere Zukunft, die mich beschäftigt. Der Tod selbst hat etwas Interessantes, etwas Herrliches für mich, weil sich mir dann eine neue Welt eröffnet. Was mag es wohl eigentlich sein, dem mein unruhiges Ich nachstrebt?

Lebensfrisch und herrlich lag die frühlingsgrüne Natur ringsumher und atmete Freude und Ruhe, während es wie ein dunkler Flor über meinem Herzen lag; doch, dachte ich, warum die frischen, farbigen Blumen beneiden? Laß sie ihren Wohlgeruch spenden, in einigen Monaten werden sie verwelkt sein; die Quelle, die jetzt so lustig sprudelt, verliert sich ins Meer, und selbst das Meer, das in seiner Größe anschwillt, wird verdunsten. Laß die Sonne mit ihren heißen Strahlen spielen, auch sie wird mit dem Himmel altern wie ein Kleidungsstück, wenn mein Herz, das jetzt in Wehmut über seine eigenen Träume dahinschmilzt, lebensfroh in seliger Erhebung dem Unendlichen entgegenjubelt.

Auch diesen Morgen hatte ich keine Ruhe, ich verließ

Harzgerode; ein Bild wechselte mit dem andern, indem ich daran vorbeiflog, nur einzelne kleine Ausschnitte prägten sich wie nette Genrestücke in meine Erinnerung ein. So lag in Königerode ein großes, kahles Feld vor mir; dort stand nahe an einer Kreuzung ein kleines Wirtshaus, und nur ein einziges Fenster ließ sich öffnen; davor hielt ein schmucker, dicker, gesunder Bauer sein Pferd und trank einen Schnaps, den ihm die magere, zigeunergelbe Wirtin durch das offene Fenster reichte. Es war eine Situation, wie ich sie schon einmal gesehen habe, sowohl auf Gemälden als auch in Zeichnungen, daher war ich hier in der Wirklichkeit davon doppelt ergriffen. Ein anderes Bild, das vielen gewiß unbedeutend vorkommt, steht mir ebenso lebhaft vor Augen wie die Aussicht vom Brocken und von der Roßtrappe, ja beinahe noch mehr, ich sah es ungefähr eine Meile von diesem letzten Ort.

In Klaus, einem Dorf, das, wie ich glaube, nur aus drei Häusern besteht, ging ich in das eine von diesen dreien, welches das Wirtshaus ist; alles war hier so malerisch, aber so ganz nach der holländischen Schule, daß ich es doch am liebsten auf der Leinwand hätte sehen mögen. Eine junge Katze wälzte sich vor meinen Füßen, zwei junge Hähne kämpften miteinander auf dem Fußboden, und die Aufwärterin, die im Grunde ein hübsches, ganz bäuerisch gekleidetes und bäuerisch gesundes Mädchen war, reichte mir mit einer solchen Gleichgültigkeit ein Glas Milch, als übe sie einen Akt der Barmherzigkeit; dabei nahm sie so wenig Rücksicht auf mich, daß sie vor einen Spiegel trat und ihre Toilette machte, ihr langes Haar löste und es über Nacken und Schulter herabfallen ließ. Ich sehe das Bild noch ganz lebhaft vor mir und wünschte Dir, mein Leser, daß Du es auch sähest, denn es war gar nicht so übel!

Ich ging nun zwei bis drei Stunden weiter, ohne auch nur einem einzigen Menschen zu begegnen. Bald war der Weg so breit wie zehn andere, bald so schmal, daß nur ein Wagen darauf fahren konnte. Daher verirrte ich mich auch, und befragte deswegen zwei stattliche Buchen um den Weg, die mir gerade so aussahen, als müßten sie Landsleute sein, aber die schüttelten ihre Wipfel und zeigten mir gar nichts. An einer Wiese traf ich auf ein menschliches Wesen, einen Hirten, einen wirklichen, echten Hirten mit Tasche und Stab, ja, obendrein mit einem Strohhut auf dem Kopf, der so aussah, als sei er schon viele Male für ein Hirten-Vorspiel im Theater verwendet worden. Aus der Ferne sah er wirklich gut aus mit der großen Schar Schafe um sich herum; aber man durfte ihn sich auch nur aus der Ferne ansehen, von nahem sahen er und all seine Untertanen etwas zu verdreckt aus. Er saß auf einem Stein unter einer verwachsenen Eiche, und seine beiden großen, bissigen Hunde lagen vor ihm und sahen ihm so klug in die Augen.

Ich erfuhr den rechten Weg; aber lange blieb ich nicht auf ihm, denn ich geriet mitten in ein Kornfeld, in dem es nur einen sehr schmalen Pfad gab, der an manchen Stellen selbst nicht so recht wußte, wohin er nun führen sollte. Ein kleines Bauernmädchen begegnete mir dort und bat mich, ihr den Weg zu einem Nachbardorf zu zeigen, dessen Namen ich noch nie gehört hatte, auch mit dem besten Willen hätte ich es nicht gekonnt.

Der Pfad führte mich in ein kleines Dorf, wo auf einem großen Platz vor einem Hause Tanz und Lustbarkeit stattfanden. Es waren ganz junge, halbwüchsige Mädchen, die miteinander nach einer Geige tanzten, die ein alter Orpheus mit einem hölzernen Bein spielte. Die Mütter und alle weiblichen Ältesten des Dorfs saßen auf Gartenbänken rundherum, legten die Hände in den Schoß und sahen zu, ohne auf den Fremden achtzugeben, der dicht danebenstand. Vielleicht dachte das älteste Mütterchen, das hier mit der kleinen schwarzen Haube auf dem grauen Haar saß, an ihre frische Jugendzeit, als auch sie unter Gottes blauem Himmel nach der Geige lustig umhersprang. Jetzt war es mit dem Springen vorbei, ja der beste Tänzer lag vielleicht schon seit langer Zeit unter dem kühlen Rasen und sprang also noch weniger.

Aber Bild auf Bild ermüden, selbst das Kind wird es überdrüssig, immer wieder in dem bunten Bilderbuch zu blättern. Wir wollen daher jetzt nicht noch weitere sehen, obgleich das folgende hübsch war, sehr hübsch. Ich möchte wohl das malerische Leimbach beschreiben, das nahebei in einem Tale lag, fast ganz in Rauch eingehüllt und hinter hohen Bergen von schwarzem Abfall versteckt. Ich möchte wohl den steilen Hohlweg zeigen, der beinah senkrecht auf den Kirchturm zulief und auf dem doch vier starke Pferde einen großen Frachtwagen hinanschleppten; aber, wie gesagt, es ermüdet; ich will dieses Mal ganz einfach, auf die allergewöhnlichste Weise, erzählen, damit wir, der Leser und ich, uns ausruhen können.

»Leimbach, eine offene Mediatstadt, mit 660 Einwohnern, Kupferschmelzöfen, Silberhütten, Rathaus und anderem mehr.«

Den folgenden Ort nehmen wir auf dieselbe Weise, es ist ja auch sehr bequem so! »Mansfeld, eine halbe Viertelmeile von Leimbach entfernt, hat 1600 Einwohner und einen Gasthof ›Zum braunen Hirsch‹.« –

– Jetzt habe ich mich ausgeruht! Der Leser auch? Ich weiß es nicht. Wir sind inzwischen bei Eisleben angelangt.

Zwischen freundlich grünen Hügeln
Ragt die kleine Stadt empor,
Lange Strahlen schickt die Sonne
Aus den Sommerwolken vor,
Scheinet auf die hohen Türme,
Deren Glocken festlich geh'n,
Überall in Sonntagskleidern
Die geputzten Menschen steh'n.
Mönche mit Gesang und Fahnen
Ziehen ernsthaft aus der Stadt;
Sagt mir, dieses Festgepränge,
Was das zu bedeuten hat?
Ha, da kamen ja zwei Herren,
Sie und ihr Gefolg' zu Pferd'
Er, der Herzog und der Bischof
Haben heut' die Stadt beehrt!
An der Mauer, vor den Toren,
Welch' Gewühl, wie sich das drängt!
Männer, Weiber, hoch und niedrig,
Bunt sich durcheinander mengt!
Sieh, ein Bergmann und sein Weibchen
Steh'n auch mitten in der Schar,
An der Hand 'nen hübschen Knaben
Mit gar schönem blondem Haar;
Fromm der Knab' die Hände faltet,
Als die fremde Pracht er schaut:
Herzogs Schwert und Bischofs Mantel
Hat am meisten ihn erbaut.
Wunderbar wird's ihm im Herzen,
Unstet schwebt sein Geist umher.
Leut' von jenseits hinter'n Bergen
Kamen, es zu sehen, her.

Zwischen freundlich grünen Hügeln
Ragt die kleine Stadt empor,
Lange Strahlen schickt die Sonne
Aus den Sommerwolken vor,
Scheinet auf die hohen Türme,
Aber ihre Glocken ruh'n,
Und kein Herzog oder Bischof
Halten ihren Einzug nun.
Wunderbar fühlt augenblicklich
Alles Herzleid man vergeh'n.
Was will ich, was wollen andre
Denn in diesem Städtchen sehn?
»Herzogs Schwert und Bischofs Mantel«,
Die sind längst zu Staub verweht,
Doch wir pilgern zu der Stätte,
Wo ein ärmlich Häuschen steht.
Eng' und niedrig ist die Gasse,
Tiefe Stille drüber schwebt,
Wo der Knabe ist geboren,
Wo der Bergmann drin gelebt.
– Fürst und Bischof sind vergessen,
Längst verfielen Wall und Tor;
Steht man in dem kleinen Hause,
Richtet alles sich empor.

Die Stadt hat etwas eigentümlich Freundliches. Ein kleiner Junge spielte vor der alten Kirche und zeichnete mit Kreide auf den großen Grabsteinen; vielleicht waren es auch Luthers Schreibtafeln, als er hier spielte. Das Rathaus hat ein eckiges, finsteres Aussehen, wie das Zeitalter, aus dem es stammt. Es hat gewiß zu Luthers Zeit ebenso ausgesehen wie jetzt, dagegen sind mit dem Hause, in dem er

Der Ilsenstein im Harz, um 1860

geboren wurde, verschiedene Veränderungen vorgegangen. Es wird jetzt als Schulhaus benutzt. Auf einem Fenster stehen Luther und Melanchthon als Glasmalerei, und über der Tür liest man um ein farbiges Basrelief mit Luthers Bild:

»Gottes Werck es Luthers Lehr
Darum weyht sie nimmer mehr!«

Es stand ein alter Bauer mit seiner Frau vor dem Hause, der buchstabierte ihr den Vers vor, und ich konnte auf ihren Gesichtern lesen, welch tiefe und herrliche Poesie für sie in jedem dieser Worte lag; denn ihre Blicke klärten sich wunderbar auf, und als er das letzte Wort aussprach, da war es, als habe er die Offenbarung eines Engels ausgesprochen und sie glaubten daran.

»Luther!« sagt Jean Paul, »du gleichst dem Rheinfall! Wie mächtig stürmst und donnerst du! Aber wie die Regenbogen unbeweglich auf seinem Strom schweben, so ruht auch der Bogen der Gnade, Friede mit Gott und Menschen in deiner Brust; du erschütterst bloß deine Erde, aber nicht deinen Himmel!«

Dies ist poetisch schön; doch schien mir in dem Ton und Ausdruck, mit dem der alte Bauer hier zu seinem Weibe über Luther sagte: »Das war ein Mann!«, etwas viel Größeres, Richtigeres und Erhabeneres zu liegen. Ich glaube, daß Jean Paul dies auch selbst so empfunden haben würde, wenn er es gehört hätte.

Luther, »das war ein Mann!«, darum zerriß er die Ketten des Papsttums, darum sang er:

»Wer nicht liebt Wein, Weib und Gesang,
Der bleibt ein Narr sein Leben lang!«

Darum warf er das Tintenfaß dem Fürsten der Finsternis an den Kopf; denn wie ein deutscher Schriftsteller, ich glaube Börne, sagt: »Tinte und Druckerschwärze sind die gefährlichsten Waffen gegen den Teufel, sie werden ihn einmal ganz aus der Welt verjagen.«

IX.

Reise über Halle und Merseburg nach Leipzig. Die blinde Mutter. Der Invalide. Die Nicolai-Kirche. Gellerts Grab. Auerbachs Keller. Italienische Oper. Poniatowskis Denkmal.

In dem sächsischen Eilwagen rollten wir um Mitternacht aus dem alten Eisleben. Mit der aufgehenden Sonne begrüßten mich die ersten grünen Weinberge. Der Postillion blies ein hübsches Stück nach dem andern. Wir kamen an zwei großen Binnenseen vorbei, wo die grünen Berge und die roten Wolken sich auf der ruhigen Oberfläche spiegelten. Auch eine alte Ritterburg lag da, eckig und mit Türmen, hohen Wällen und Gräben versehen. Hier war ein herrliches Echo; wir hielten einen Augenblick an, der Postillion blies, und von den Bergen scholl beinahe das ganze Stück zurück. Ich habe nie so viele Töne vom Echo wiederholt gehört. Diesen herrlichen Morgen vergesse ich nicht; aber er steht ja auch eingerichtet für Musik in der Bildersammlung meiner Erinnerung. Der Postillion und das Echo gaben der ganzen Gegend eine höhere Potenz der Schönheit, wodurch vielleicht später die gelehrte Stadt Halle verlor; die sah mir so eng, so ungemütlich aus. Die Saale hatte ein schmutziges, gelbes Wasser, und die Straßen der Stadt – wenigstens einige davon – waren, glaube ich, nicht einmal gepflastert. Vor dem Universitätsgebäude stand eine Schar Studenten, mit Collegheften unter dem Arm und Tabakspfeifen im Mund. Auf den Straßen trafen wir noch mehr, und rundherum in den Fenstern lagen ähnliche Söhne der Minerva, zumindest hielt ich sie dafür.

Die Bauersfrauen, die auf dem Markt saßen und ihre Waren verkauften, hatten für mich ganz merkwürdig zigeunerbraune Gesichter; beinahe wäre ich zu der erstbesten gegangen und hätte ihr mit dem Gedanken meine Hand gereicht, daß sie eine Zigeunerin sei, die mir sagen könnte, welches Honorar in Geld und Unsterblichkeit ich bekomme für all das, was ich in dieser Welt noch denken und schreiben könnte.

Der Weg nach Merseburg war mit Kirschbäumen bepflanzt, die Stadt selbst dunkel und eng wie Halle, aber doch wegen ihres alten gotischen Doms einen Besuch wert. Man erzählte mir hier eine Volkssage, eine Geschichte ganz à la *Gazza ladra.* Ein Bischof hatte seinen Diener wegen Diebstahls unschuldig hinrichten lassen; als er aber später entdeckte, daß sein Lieblingsrabe der Dieb war, verfiel er in Melancholie, ließ den Vogel in einen eisernen Käfig sperren und zu Spott und Schande öffentlich ausstellen. Ja, er setzte sogar ein Kapital aus, von dem der Rat von Merseburg auf ewige Zeiten einen Raben unterhalten sollte, der lernen mußte, den Namen des Dieners zu rufen: »Jacob.« Sobald nun ein Rabe stirbt, geht es mit ihm wie mit dem Dalai Lama und dem Papst, es wird gleich Rat gehalten und ein neuer erwählt.

Noch gab es, so sagte man mir, doch ich konnte es nicht finden, so ein unschuldiges schwarzes Tier und rief: »Jacob«, ohne es sich träumen zu lassen, aus welchem Grunde es seine Kost und Wohnung erhielt, und ohne vielleicht auch nur im entferntesten mit dem bischöflichen Spitzbuben verwandt zu sein, um dessetwillen das Raben-Legat gestiftet wurde.

Die Sonne brannte sehr heiß, als wir aus der Stadt herausfuhren, um uns dem deutschen Buchladen Leipzig zu nähern. An der Grenze hatte der Zöllner eine lange Stange mit einem Beutel daran, genau, wie man sie hier in den Kirchen findet, nur war die Stange länger; er steckte sie durchs Fenster in den Wagen, der vor dem Schlagbaum hielt, und bekam seinen Tribut. Eine Familie gab ihm falsches Geld und fuhr drauflos; da stürzte er heraus in einem ziemlich dunklen Morgenmantel, obwohl es bereits heller Tag war, schwang seine Beutellanze und verteidigte das Gesetz und seine Aufrechterhaltung. Der Mann hatte ja recht.

Die Gegend ringsumher sah sehr dänisch aus, hier gab es noch eine Waldpartie, dann verlor sich alles in eine unübersehbare Ebene, welche Menschenblut mit Ziffern der Unsterblichkeit beschrieben hat.

Die blinde Mutter

»Die Trommeln wirbeln! Wie nah' sie sind!
Rauschen hör' ich der Fahnen Zipfel!«
– »Liebe Mutter, es ist der Wind,
Der durchsäuselt des Waldes Wipfel.«
»Hörst du denn nicht die Rosse, Kind?
Hörst du nicht des Trosses Wogen?«
– »Liebe Mutter, Reisende sind
Eben an uns vorübergezogen.«

»Stille, Kind, jetzt nah'n sie heran!
Sieh', dein Vater, er trägt die Fahne!
Siehst du das Heer nicht, Mann für Mann?
Wahrlich, mein Sohn, du bist im Wahne!
Nein! Das ist nicht Reisender Troß,
Oder des Windes nächtliches Wehen!
Kannst du den Kaiser denn, hoch zu Roß,
Nicht an des Heeres Spitze sehen?

Vor meinen Augen ist's dunkel hier,
Aber ich kann ihn dennoch erkennen.
Falte, mein Kind, die Hände mir,
Ich bin matt und die Adern brennen.
Hörst du, da rauscht die Fahne wieder!
Freundlich winkt mir dein Vater da,
Setze mich, Sohn, an den Baum dort nieder,
Ja, ich fühl' es, der Tod ist nah!«

Es ergriff mich ein eigentümliches Gefühl, als ich über die große, unabsehbare Leipziger Ebene fuhr, wo jedes Dorf in der Kriegsgeschichte von Bedeutung ist. Hier war Napoleon gewesen, hier hatte der große Feldherr gedacht und gefühlt. Das Getreide wallte üppig über dem ungeheuren Kampfplatz; keine Wunde wird doch so schnell geheilt wie die der großen Natur! Es bedarf nur eines Lenzes, um die älteste Ruine mit Blumen und Grün zu schmücken. Man arbeitete an einer neuen Straße, ich sah Menschenknochen und Kugeln, die man beim Graben gefunden hatte. Unter einem Baum saß ein alter Mann mit einem hölzernen Bein; er hatte hier gewiß schon mehr gesehen als das Getreide, das jetzt vor seinen Blicken wallte, und einen ernsteren Gesang gehört als den, welchen die Vögel in den Zweigen über ihm zwitscherten. Mit seiner kleinen Pfeife im Munde ruhte er hier aus und dachte an alte Zeiten.

Der Invalide

Über dem Felde Rauch an Rauch,
Das Aug' sah rotes Feuer auch.
Schwer bebt' die Erde unterm Pferdehuf,
Im Wald tönt so des wilden Sturmes Ruf.

Mann neben Mann – wir stürmten vor in uns'rer Not,
Mein Bruder fiel – er starb den Heldentod.
Ich spürte nichts, mein Herz blieb unberührt,
Allein den Trommelwirbel habe ich gehört.
Trompetenschall – es ging feldein,
Da traf 's mein Pferd, fortan hatt' ich nur noch ein Bein.
Das ganze Heer ging über mich,
Mehr weiß ich nicht, mein Blick, er trübte sich.
Es war so still, so still, als ich erwacht',
Ach, eine Stille wie in finst'rer Nacht.
Mein Bein war Feuer – meine Lippe brannte,
ringsum nur Tote, keiner, den ich kannte.
Es war schon spät, als kühler Nachtwind sich erhob
und nah bei mir ein Pferd durch seine Nüstern schnob;
Ein Franzos' lag dort in seinem Blut,
»Napoleon«, rief er und war tot.
Ich wollte beten – hob zum Himmel hoch den Blick,
Da packt' der Tod mich wieder beim Genick;
Ich weiß nicht mehr, was dann geschah –
Das erste, was mein Auge sah,
Es war ein Mann, verhüllt in einen Mantelkragen,
Der jagt' zwei Raben fort, die mir zu nahe kamen.
Ich sah sie, hört' ihr heis'res Schreien,
Ich schien längst tot, lag in den Totenreihen.
Still stand er da, sein Antlitz sah ich nicht,
Zu eng der Kragen am Gesicht.
Zum Himmel schaut er auf, so wolkenfern –
Hell sieht er leuchten einen Stern.
»Mon étoile!« So war sein Ruf,
Dann kniet' er, Gott zu danken sein Behuf.
Der Mantel offen durch ein gütiges Geschick,
So konnt' ich seh'n den stolzen Heldenblick.

Er hört' mein Seufzen und sieht still mich an,
Kaum ich die Schmerzen mehr ertragen kann.
Niemals werd' ich seinen Abschiedsblick vergessen,
mit dem er mir den Mantel reicht', den er besessen.
Da lag ich zwischen toten Körpern, Leichen,
Und hofft' nur, rasche Rettung zu erreichen.
– Ins Lager der Franzosen bracht' man meine Glieder,
Den stillen Mann jedoch sah ich nicht wieder.
Wer war es bloß, der Hilfe mir und Leben gab?
Vielleicht wächst längst schon Gras auf seinem Grab.
Vielleicht lebt er in einem Lande fern von hier,
Dann soll er glücklich sein, das wünsch' ich mir.

Wir fuhren über die Elster, in der Poniatowski seinen Tod fand; man zeigte mir in der Vorstadt die verschiedenen Stellungen, die die feindliche Armee hier eingenommen hatte, wo man durch die Gärten galoppiert war und Napoleon sich zurückgezogen hatte.

Leipzig selbst machte einen angenehmen Eindruck auf mich, es ist eine große, freundliche Stadt, die Hauptstraßen sind unserer Østergade sehr ähnlich, allerdings sind sie breiter und, was sie hübscher erscheinen läßt, gerader. Ich glaube, es wohnen zwei bis drei Buchhändler in jeder Straße; überall stehen Bücherschränke, und in den großen blanken Glasfenstern hängen Kupferstiche und Bilder. Auf den Straßen laufen die Burschen herum, mit langen Pfeifen im Munde und den Collegheften unter dem Arm. Einige von ihnen hatten ihre altdeutsche Tracht an, die großen, weißen Hosen, den kurzen Rock und die langen, über den weißen Halskragen herabhängenden Locken.

Ich besuchte die Nikolaikirche, wo ich Gemälde von

Ansicht des Marktplatzes in Leipzig, um 1800

Oeser fand; eines, »Christus am Brunnen«, gefiel mir besonders, ob es mir zu gefallen hatte, weiß ich nicht, da ich noch keinen Kunstkritiker dazu befragen konnte. In der Kuppel über dem Altar war ein schwebender Engel gemalt, der keine Malerei, sondern ein wirklich lebendes Wesen zu sein schien. Die hohen Gewölbe wurden gerade abgestaubt; man hatte einige künstliche Gerüste aufgestellt, und von diesen erhob sich eine ungeheuer lange Leiter hoch hinauf wie ein Schiffsmast, und ganz oben auf diesem wackligen Sitz saß ein Mann, genau wie Puds in »Sigrid mit dem Schleier«, und fegte mit äußerstem Vermögen. Das sah ziemlich malerisch, aber auch ein wenig fürchterlich aus. Mir kam es beinahe vor, als sei der Mann da oben hinaufgesetzt worden, damit die Kirche durch ihn und seine offensichtliche Gefahr höher aussehen sollte, als sie es eigentlich ist.

In einem kleinen, abgesonderten Raume zeigte man uns eine alte Kanzel, auf der Luther gepredigt haben soll; ich stellte mich auf die Fußspitzen, um mit meinen Händen dahin reichen zu können, wo er sie hingelegt haben mag.

Aus der alten Kirche ging ich aus der Stadt hinaus zu Gellerts Grab.

Ein flacher, einfacher Stein mit seinem Namen und Sterbejahr bezeichnet dasselbe. Daneben war ein Rosenstock gepflanzt, und ein niedriges Gitter umgab das Ganze, auf welches die vielen, die Gellerts Grab besuchten, ihre Namen schrieben oder einschnitten; ich schrieb auch den meinigen darauf.

Rundumher waren viele bei weitem schönere Gräber, die gewiß viel vornehmere Leute in sich schlossen als Gellert; aber keine fremde Hand hatte sich zur Erinnerung auf denselben eingezeichnet, und selbst die Grüfte mit den eisernen Gittern standen nur da wie eine Mauer, die dazu diente, das einfache Dichtergrab einzufrieden. Hier war der Dichter der Vornehmste, durch ihn erhielt diese Stätte mit ihren Toten ihr Interesse. So hat der Großherzog von Weimar angeordnet, daß Goethes und Schillers Särge in der großherzoglichen Gruft zu beiden Seiten von dem seinigen stehen sollen. Auf diese Weise kann sich der Mensch, wenn er zwischen der Sonne und dem brausenden Wasserfall steht, einen Regenbogen schaffen.

Die andern frischen Gräber ringsumher waren wunderlich geschmückt, außer mit Blumen und Kränzen hatte man sie auch mit Zitronen und Apfelsinen besteckt, einige waren in Stücke geschnitten; aus den Kränzen flatterten lange Bänder mit goldenen und silbernen Fransen, die, wenn der ganze Schmuck etwas alt war, ziemlich häßlich aussahen. Auf den Bändern waren Verse abgedruckt, teils selbst verfaßt, teils aus bekannten Dichtern gewählt. So fand ich auf einem Höltys:

Heute hüpft im Frühlingstanz
Noch der frohe Knabe,
Morgen weht der Totenkranz
Schon auf seinem Grabe!

Daß ein Grab mit einem einfachen Kranz geschmückt wird, das finde ich hübsch und bedeutungsvoll; der Zimmermann steckt ja auch seinen Kranz mit dem bunten Flittergold auf das Dach des Hauses, wenn das ganze Gebäude gerichtet ist, warum sollten wir nicht auch hier unsern Kranz aufstecken? Das Grab ist ja doch das Dach auf dem Gebäude unseres Erdenlebens; erst wenn dieses geschlossen ist, ist es vollständig gerichtet.

Auf dem Kirchhof wurde gerade eine Leiche beerdigt; es war ein alter Tischler, der vielleicht selbst das Holz gekauft hatte zu seiner engen Schlafkammer. Den Sarg trugen Männer auf ihren Schultern; auch er war mit Blumen, Zitronen und Apfelsinen geschmückt. Eine Menge von Weibern und Kindern drängte sich heran, dennoch kam ich ziemlich nahe am Grabe zu stehen, an welchem Chorknaben mit ihren jugendlichen Stimmen sangen, während die Sonne hinter den hohen Pappeln unterzugehen anfing.

Als ich am Abende allein durch die Straßen der fremden Stadt wanderte, um das »Hotel de Bavière« zu finden, verirrte ich mich und kam auf diese Weise in »Auerbachs Keller«, wo bekanntlich der Sage nach Dr. Faust auf einem Weinfaß zum Fenster hinausritt. Ich ging hinunter, um doch in der merkwürdigen Stube gewesen zu sein, wo diese Geschichte passiert war; sie ist sehr klein und hat nur das eine Fenster, durch welches Faust hinausgeritten ist. Die ganze Geschichte war auf der Wand abgemalt, leider aber etwas dunkel und undeutlich.

Hier saßen drei alte Leute in einem lebhaften Disput, wenn ich nicht irre, über das Unbegreifliche, daß ein Dreieck doch im Grunde ein halbes Viereck ist; es schien übrigens, daß auch sie auf den Dünsten des Weines noch weiter fliegen wollten als nur zum Fenster hinaus. Zuletzt fingen sie an zu singen, wie Frosch und Brander in Goethes »Faust«: »Es war eine Ratt' im Kellernest!« Das heißt, sie sangen nicht ebendies Lied, aber die Situation war dieselbe, so daß ich jeden Augenblick nach der Tür sah, ob nicht Mephistopheles mit dem Doktor eintrete.

Die italienische Operngesellschaft von Dresden war hier in Leipzig und gab bei meiner Ankunft schon ihre zehnte

Vorstellung. Ich sah Rossinis »Tell«. Die Oper hat vier Akte, aber da sie ohne Abkürzungen zu lang und zu ermüdend sowohl für die Zuhörer als für die Sänger werden würde, so hatte man sie wie bei der »Vernichtung des Menschengeschlechts« mitten durchgeschnitten, so daß man den einen Abend die beiden ersten Akte sah und das nächste Mal die beiden letzten. Ich war beide Abende da und erhielt auf diese Weise doch etwas Ganzes.

Es wurde nicht ein einziges Wort gesprochen, der Dialog war rezitativ; aber wenn Rezitative mit dem Ausdrucke gesungen werden, wie dies hier geschah, so sind sie keineswegs ermüdend, wie man bei uns glaubt. Signor Zezi war ein vorzüglicher Tell, hübsch anzusehen, er zeigte Geist und Spielfreude. Etwas, das man weniger bei Signora Palazzesi fand, die die Partie der Mathilde spielte; aber sie sang hübsch, hatte Schule, Anmut und Stärke, wenn sie nur nicht jedesmal so viele Grimassen gemacht und den Kopf so weit zurückgelegt hätte, wenn sie Triller und künstliche Läufe mit der Stimme unternahm. Das Publikum empfing sie mit stürmischem Geklatsche und Beifall, denn sie war lange fort gewesen und trat nun zum ersten Mal wieder auf, nachdem sie mit einer Influenza gelegen hatte.

Ein Signor Rubini sang die Partie des Arnold, ich sage sang, denn es war kein Gedanke an Spiel dabei. Er kam mir vor wie eine künstliche Marionette, der nur zwei Bewegungen mit den Armen zur Verfügung stehen: geradeaus und dann die Hand aufs Herz; allerdings gab es eine ordentliche Ton-Orgel in dem guten Mann!

Wie weich und ausdrucksvoll klingt doch diese italienische Sprache! Es sind Töne, die zu Worten versteinert sind; – wie schön müssen sie in der stillen Nacht unter südlichem Himmel klingen, wenn sie von Liebe erzählen! – Liebe! – Hu! Wie häßlich hart und knurrig klingt doch dieses Wort, das den höchsten Geist in Seele und Gedanken zum Ausdruck bringen soll, auf dänisch. »Kærlighed!« – Oh, wer dieses häßliche, schnarrende Wort erfand, hat die Liebe nicht gekannt und gefühlt. – Es war gewiß ein alter, verdrießlicher Papa, der die jungen Herzen um ihre seligen Träume beneidete und dann wie ein Kettenhund von ihrer, wie er es nannte, »Kærlighed« knurrte.

Was die Musik zu »Tell« betrifft, ich hörte sie nur einmal, außerdem ist darüber so viel gesagt und geschrieben worden, teils zu ihrem Vorteil, daß meine Meinung nichts zur Sache tut. Mir schien es, als komponierte Rossini hier in einem anderen Genre als früher, und fast glaube ich, daß diese Tatsache viele mehr verblüffte als die Komposition selbst. Mir gefiel es nicht so wie der »Barbier von Sevilla«; es gibt hier durchaus ein herrliches Terzett, ein Duett und einige Chorpassagen, von denen jeder ergriffen ist, aber nichts von alledem hat doch das Charakteristische wie z. B. Don Baziles Arie über die Verleumdung, sie scheint mir ein wahres Meisterstück zu sein. Orpheus brachte Bäume und Steine zum Tanzen durch sein Spiel, und davon ist dort wirklich etwas enthalten. Musik hat eine erstaunliche Kraft, in Totem Leben zu erwecken, davon überzeugen uns die meisten Operntexte. Von den Tönen wird dann geradezu ein poetisches Gewand um das Ganze geworfen. Doch Tell erscheint mir in diesem geistigen Gewand so merkwürdig zusammengekrümmt, das war nicht die Schillersche Heldengestalt.

Die Uhr war noch nicht neun, als die Oper vorbei war; ich besuchte noch Reichenbachs Garten, um die Stelle zu sehen, wo Poniatowski seinen Tod in der Elster fand.

Der Garten gehört einem reichen Kaufmann Gerhardt, der sich von denen, welche diese Stelle sehen wollen, Eintrittsgeld geben läßt.

Hier, durch diese hohen Bäume, sprengte der schwer verwundete Held, verfolgt von dem siegreichen Feinde. Es ist beinahe unglaublich, daß jemand in diesem unbedeutenden, schmalen Wasser ertrinken konnte! Eine Trauerweide stand an der Stelle, wo er mit dem Pferde stürzte, und einige Schritte davon, wo man seine Leiche gefunden, stand eine kleine, einfache Säule, die überall beschrieben war, namentlich von seinen Landsleuten.

Ein Stück war völlig aus dem Stein geschlagen worden, es hieß, hier habe ein Vers gestanden, den die sächsische Regierung als zu freizügig empfand und ihn daher entfernen ließ. Das ginge auch zu weit, wenn Steine reden könnten!

Eine wunderliche Abenddämmerung lag über der Stätte, ich dachte an Kosciusko, Polens Wilhelm Tell, an das unglückliche Reich, das wie eine Landkarte in Stücke geschnitten ist, an das arme, kämpfende Volk – ein kleiner Vogel hüpfte auf einem Zweig nah heran und zwitscherte, aber ganz leise, er fürchtete gewiß Zensur und Steckbriefe, es klang so gedämpft, aber mir schien, als hörte ich den Kampfgesang des sterbenden Polen: »Noch ist Polen nicht verloren!«

Wäre jedes begeisterte Herz solch ein kleiner Vogel und die Gedanken und Gefühle seine Töne, von welchen Gesängen wäre die Luft erfüllt! Aber wie viele Heinrich der Vogler würden dann auftreten, welche Jagd würde es dann geben ——————— und doch, »nicht ein Spatz fällt zur Erde ohne unseres himmlischen Vaters Willen!«.

Mit Riesenschritten gehen wir einer neuen und besseren Zeit entgegen; aber Europa hat es auszufechten, die wilde Lava muß erst vom Berg fließen, bevor sie die üppigen Ranken des Friedens und der Fruchtbarkeit tragen kann. Eine vernünftige Freiheit, eine natürliche Aufklärung wird dann ihre milde Sommerwärme über die Länder ausbreiten, dann wird das neue Gimle hinter dem kämpfenden Ragnarök emporsteigen! Aber unser Zeitalter ist interessant! Das wilde Gären in der Natur und dem Menschenleben, es ist herrlich zu erleben! Wir wirken doch alle mit an dem großen Ziel. Manch ein wildes, brausendes, romantisches Gemüt wird uns vielleicht beneiden! Wohl wird man sich über vieles wundern, den Kopf schütteln, lächeln und wieder zufrieden nicken, wenn sie unsere Tagblätter in die Finger bekommen, die Sachen aus alten Zeiten beinhalten; möglicherweise werden da viele Dinge als Kuriosa gedruckt, aber welche! Ja, – es geschieht überaus viel! Laßt uns zur Abwechslung an dieser Stelle einhalten und schauen. Wir nehmen den ersten Artikel auf der Seite, nun den zweiten und lesen – natürlich meine ich nicht, daß es sich etwa um Kuriosa handelt, es ist Zufall, was da steht.

»Don Miguel hat vom Papst Rosen erhalten, als Zeichen des christlichen Königs!«

»Ach ——————————————————————
———————————!«

»Der Geheime Staatsminister von Klewitz hat einen lithographierten Rundbrief an die Redakteure der öffentlichen Zeitungen in Preußen senden lassen und empfiehlt ihnen, nicht allein den Buchstaben des Zensurgesetzes zu folgen, sondern auch dessen Geist. Die Redakteure mögen durchaus historische Fakten berichten, aber sie haben nicht durch Berichte von revolutionären Begebenheiten auf eine weitschweifige oder vielleicht sogar lobende Art und Weise Aufruhr- und Aufstandssituationen darzustellen.« – »Sie dürfen sich nicht über fremde Regierungen abfällig äußern, die in einer freundschaftlichen Beziehung zum preußischen Staat stehen.« – »Den Redakteuren wird empfohlen, stets von Beispielen der Hingabe an die Beibehaltung der Ordnung etc., die beklagenswerten Folgen unruhiger Bewegungen für die persönliche Sicherheit, den Handel und das Handwerk usw. usw. zu berichten oder diese von anderen Zeitschriften zu übernehmen.«

»—— spüre das große Interesse an – aber ——«

»Lindberg« – ach ja, sein Subskriptionsplan zu einer »Monatsschrift für das Christentum« erscheint sicher im selben Band wie »Münchhausen« und »Robertus von Agerkaal«, man glaubt, es sei Satire und nicht Ernst im Jahre 1831.

X.

Abreise. Meißen. Der erste Tag in Dresden.
Dahl und Tieck.

Nach einem Aufenthalte von drei Tagen verließ ich das freundliche Leipzig, wo ich mehrere vortreffliche Menschen kennengelernt hatte. Meine Reisegesellschaft mit der Schnellpost bestand aus zwei jungen Herren aus Frankfurt an der Oder und einem alten Doktor. Dieser war ziemlich bewandert in der dänischen Literatur und fragte, als er meinen Namen hörte, ob ich verwandt sei mit dem Autor von »Das sterbende Kind«. Ich antwortete ihm, daß ich es selbst sei, und nun fragte er mich ganz naiv, ob ich ein Kleines verloren hätte, als ich es schrieb, da er sich nicht vorstellen könne, daß ich als junger Mensch sonst derart empfinden könne. Er war einigermaßen überrascht zu hören, daß dieses Kind alles war, was von meinem Schulbesuch übriggeblieben ist, wo ich es unter »katál, katlá« gefühlt und geschrieben hatte.

Es war schon dunkel, als wir bei dem Jagdschloß Hubertusburg mit seinem großen Garten vorbeifuhren. Mengs Pinsel soll viele Fremde nach der Schloßkapelle hinlocken; wir hatten keine Zeit, auch keinen Mangel an Bildern; ein Bild wechselte mit dem andern, wenn wir durch die offenen Wagenfenster hinaussahen. Hier ein Wirtshaus mit Reisenden, der Hausknecht mit der brennenden Laterne in der Tür, – das war ein Nachtstück in Rembrandtscher Manier; dort sah man eine sumpfige Gegend in Morgenbeleuchtung, einige wilde Enten plätscherten im grünen Schilfe, eine Manier, die Ruysdael nachzuahmen pflegt; weiter entfernt lag ein Flecken mit eingestürzten Mauern; im Vordergrunde, unter einem großen Baum, saß ein Paar junger Leute und küßte sich, – das war eine Manier, die ich selbst gern hätte nachahmen mögen.

Je näher wir Meißen kamen, ein um so romantischeres Aussehen bekam die Gegend. Hin und wieder sah man Felsen sich erheben, mit einem ganz andern Charakter als die im Harz. In rotgelben Steinmassen, mit jungen Buchen bewachsen, hingen sie über unsern Häuptern; auf der andern Seite des Weges lagen die grünen Weinberge mit rotgedeckten Häusern, und unten schlängelte sich die Elbe in malerischen Krümmungen. Schiffe wurden von Menschen und Pferden den Fluß hinaufgezogen, während andere mit schwellenden Segeln stromabwärts fuhren.

Meißen selbst hat enge Straßen und sah mir recht unheimlich aus; man muß es hier wie mit jedem schönen Gemälde machen, man darf die Augen nicht allzu nahe daranhalten, man muß das Ganze mit Abstand betrachten. Ohne besondere Empfehlung aus Dresden darf man die große Porzellanfabrik nicht besuchen, ich mußte mich also mit einem kleineren Teil davon begnügen, mit einem sehr kleinen Teil, das heißt mit den Tassen, aus denen ich im Wirtshaus meinen Kaffee trank; und bei dieser kleinen Probe kann ich mich, selbst mit Phantasie und dem besten Willen, nicht auf irgendwelche Notizen über die ganze Fabrik einlassen.

Der Dom ist ein herrliches gotisches Gebäude. Die Sonne schien in die hohen Fenster hinein, wo ein kleiner Vogel, der sich verirrt hatte, umherflatterte und mit den Flügeln an die Fensterscheiben schlug, um herauszukommen. Da sah ich meine eigene Kinderwelt! Die Kindheit ist auch eine solche heilige, große, gotische Kirche, in welche die Sonne freundlich durch bunte Fensterscheiben scheint, wo ein jeder dunkle Winkel ein mächtiges Gefühl erweckt und wo das einfachste Bild durch seine Beleuchtung und durch die Sage eine weit tiefere Bedeutung bekommt. Das Alltagsleben zeigt sich hier in seinen Sonntagskleidern, Gott und die Welt liegen einander weit näher, und doch flattert das Herz, wie der kleine Vogel hier in der Kirche, nach der neuen, draußen liegenden Zukunft, wo vielleicht ein Jäger hinter dem Gebüsch lauert, um ihm eine Ladung Schrot durch die Flügel zu schießen.

Der Weg von Meißen nach Dresden ist mit Akazien und Birnbäumen bepflanzt; auf den Feldern stehen Kohl und Kartoffeln, es ist ein wahrer Küchengarten! Freundliche Anhöhen, mit Wein und Laubholz bewachsen, liegen an beiden Seiten, und hinten bildet Meißen selbst, das mit seinem Schloß und dem Dom sehr hoch liegt, den herrlichsten Punkt in dem ganzen Gemälde; außerhalb der Stadt führt eine steinerne Brücke über die Elbe, wo Menschen gehen und fahren, ohne daran zu denken, viel weniger noch sich darauf etwas zugute zu tun, wie sie gerade dadurch das Ganze beleben. Je weiter man sich von hier entfernt, desto höher werden die Berge, und bald sieht man wie durch einen bläulichen Schleier das deutsche Florenz, Dresden, mit seinen hohen Türmen und Kuppeln vor sich liegen.

In einem kleinen Dorf, das an der sich dahinschlängelnden Elbe ganz romantisch gelegen war, hielten wir vor einem Landgasthof. Um die Fenster rankte sich ein Spalier von Rosen; wie kindliche Mädchenhäupter schauten sie rund und voll in die Zimmer, in denen Postburschen in leuchtendgelben Uniformen mit blauen Kragen und Trompeten auf dem Rücken saßen. Auf dem Tisch stand Landwein in großen Glaskrügen, und einige kleine Kinder spielten mit einem kleinen Hund, der mit einem Blumenkranz um den Kopf auf den Hinterbeinen tanzte.

Hier sah ich das erste Erdbeerfeld, in Dänemark blühten sie bestimmt noch nicht!

Der Postillion blies, und – mit den letzten Erdbeeren in einem Weinblatt hielt ich außerhalb Dresdens. Hier am Tor wurde mir mein Paß abgenommen, statt dessen erhielt ich eine Aufenthaltskarte. Die Neustadt schien mir recht ansehnlich; ich hatte sie mir ganz anders vorgestellt, aber als ich nach der Augustusbrücke kam, die ich schon so gut aus Kupferstichen kannte, kam es mir vor, als ob ich schon früher einmal im Traum hier gewesen wäre. Die Elbe wälzte ihre gelben Wellen unter den stolzen Bogen durch; auf dem Fluß war viel Leben und Treiben, aber weit mehr noch auf der Brücke; auf der Mitte jagten Wagen und Reiter, und auf beiden Seiten gingen unzählige Fußgänger im buntesten Wechsel; ungefähr mitten auf dem Fluß stand auf einem der Ausbauten, welche die einzelnen Pfeiler bilden, ein Kruzifix, ich glaube aus Metall. Nun kamen wir in die Altstadt, ins eigentliche Dresden; die Brühlsche Terrasse mit ihrer breiten Treppe lag links, die katholische Kirche rechts und gerade vor uns das Tor, durch das wir in die eigentliche Stadt hineinfuhren.

Dresden steht für mich als Übergangspunkt in der Mitte von Nord- und Süddeutschland da und hat auch einen gemischten Charakter von beiden. Es war die letzte große Stadt, die ich nach Süden zu in Deutschland zu sehen bekommen sollte; dieser Gedanke fiel mir ein und war die Ursache, daß ich ganz wehmütig gestimmt in die liebe Stadt hineinfuhr.

Meine beiden Frankfurter wollten sich im »Hôtel de Russie« einquartieren; ich beschloß, ihnen Gesellschaft zu leisten, es erwies sich als richtiger Entschluß.

Die Stadt hatte für mich etwas einladend Freundliches,

Dresden. Blick auf die alte Augustusbrücke um 1800

ich fühlte mich darin gleich wie zu Hause. Mein erster Gang war zu unserem berühmten Landschaftsmaler Dahl. Ich hatte keinen Empfehlungsbrief, aber als Däne war ich herzlich willkommen. Sowohl mir wie seinen anderen Landsleuten, die mit mir zur selben Zeit da waren, brachte er viele Opfer an Zeit und Mühe. Er war am Abend mit zwei Norwegern zu Tieck eingeladen; der große Dichter wollte an diesem Abend in einem Kreise von Freunden etwas vorlesen. Da ich nun einen Empfehlungsbrief von Ingemann an ihn und ihm auch schon früher selbst einmal geschrieben hatte, forderte Dahl mich auf, ihn zu begleiten, allerdings bat er mich, jetzt nicht die Zeit bei ihm zu verlieren, sondern in die katholische Kirche zu gehen. Es war gerade an diesem Tage das Fronleichnamsfest; die meisten Zeremonien würden jetzt wohl freilich schon vorbei sein, meinte er, ich würde aber doch noch die Kastraten singen hören.

Ich fand bald den Weg über die Brühlsche Terrasse, die von Spaziergängern wimmelte; da gab es so viel Hübsches zu sehen, die große Augustusbrücke mit ihrem Menschengewühl, die Elbe mit ihren Schiffen und die grünen Weinberge an ihren Ufern! Aber ich hatte keine Zeit, ich mußte mich beeilen.

Jetzt stand ich in der katholischen Kirche. Wie groß und hell! Das Musikchor brauste über meinem Kopf; auf allen Altären brannten Lichter, und ringsum in den Seitenkapellen und in den großen Gängen lagen Menschen auf den Knien. Die königliche Familie war in der Kirche, ich sah den König sehr eifrig beten; drei Priester in Gewändern aus Goldstoff standen am Altar, und viele kleine Knaben, in roten Kleidern mit einem kleinen weißen Überwurf, schwangen Rauchfässer. Die Kastraten sangen; das waren keine männlichen, aber auch keine weiblichen Stimmen, es waren seltsam weiche Molltöne. Es lag etwas so Tiefes, Wehmütiges in diesem Gesang, als wäre es des Herzens ganze Sehnsucht, die sich in Tönen aussprach; sie machten einen ganz wunderbaren Eindruck auf mich, aber ich fühlte mich gar nicht froh dabei.

Am Hochaltar war eine beständige Bewegung, die den feierlichen Eindruck, den das Ganze auf mich machte, störte. Die Chorknaben kamen und gingen mit großen Lichtern, und die Priester verneigten sich jeden Augenblick und klingelten mit ihren silbernen Glocken.

Schweizer in gelben Livreen, mit großen, silberbeschlagenen Stöcken in der Hand, gingen in den Gängen herum, um auf die Ruhe zu achten und aufzupassen, daß die Böcke von den Schafen getrennt blieben. Menschen kamen und gingen, aber alles geschah sehr leise. Ich sah böhmische Frauen und Mädchen, die wahrscheinlich mit ihren Waren zu Markt gewesen waren; sie kamen mit ihren Körben oder Bündeln auf dem Rücken in die Kirche herein, knieten in den Gängen, beteten ihren Rosenkranz und entfernten sich dann wieder in größter Eile.

In den Kapellen knieten Männer und Frauen vor dem Bilde der Mutter Gottes, und in manchem Gesicht sah ich den Ausdruck wahrhafter Erhebung und Andacht. Die Sonne schien durch die Fenster und vermischte sich wunderbar mit dem Schein der vielen Lichter und dem wohlduftenden Rauch; es lag wirklich etwas darin, was auf dem Tonmeer der Musik den Weg zum Herzen fand.

Es war sieben Uhr abends, als ich mich mit Dahl und den zwei jungen Norwegern zu Tieck begab; ich sollte jetzt den Dichter sehen und kennenlernen, dessen geistiges Ich mich so oft und gewaltig beschäftigt hatte. Ich dachte nicht an seinen »Gestiefelten Kater« und den »Prinz Zerbino«, nicht an seine wunderschöne Elfenwelt und die herrlichen Novellen, nein, alles schmolz mir in dem Manne selbst zusammen, in Deutschlands Tieck, dem Meister einer ganzen Schule, der romantischen Poesie, dem Manne, der Goethe an Alter, Wert und Anerkennung bei seinen Landsleuten am nächsten steht.

Das Zimmer, in das wir geführt wurden, war nicht groß. Hier saßen um den Teetisch herum die Familie und einige Fremde, zumeist Ausländer. Ich hatte Ingemanns »Ole der Namenlose« von dem Dichter selbst mitbekommen und meine eigenen »Phantasien und Skizzen« ebenfalls bei mir. Dahl stellte die beiden Norweger und mich als seine Landsleute vor, und der Dichter begrüßte uns freundlich und hieß uns willkommen; als ich ihm darauf die Bücher und Ingemanns Brief gab, nahm er mich freundlich bei der Hand und fragte, ob ich derjenige sei, der die »Fußreise« geschrieben habe? Als ich dies bejaht hatte, sagte er mir einige verbindliche Worte, hieß mich noch einmal willkommen in Deutschland und erkundigte sich nach Ingemann, den er sehr wertschätzte. Welch ein Ausdruck lag in dieses Mannes Blicken! Nie habe ich ein offeneres Gesicht gesehen. Seine Stimme klang so gutmütig, und sah man ihm in die großen, klaren Augen, da fühlte man sich gewiß gedrungen, sich ihm anzuvertrauen. Es war nicht bloß der Dichter, den ich liebte, auch der Mann wurde mir jetzt teuer! Ja, so hatte ich ihn mir gedacht, als ich »Die Elfen« las; – aber meine Träume sind schon so oft fehlgeschlagen, daß ich zuweilen wiederum dachte: In der Wirklichkeit ist er vielleicht ein steifer, vornehmer »Hofrat«, und das würde mich sehr abgeschreckt haben. So war auch meine Vorstellung von Goethe, was meine Lust überwand, den großen Dichter zu sehen, von dem ich glaubte, daß er sich am herrlichsten ausnähme, wenn man ihn, wie die Kirchtürme, aus der Entfernung sähe. So geht es nicht mit Tieck; wenn man eine halbe Stunde bei ihm gewesen ist, vergißt man den Dichter zugunsten des Menschen.

Die Gesellschaft bestand übrigens aus Menschen von den verschiedensten Gegenden des Erdballs; hier war einer aus Amerika, ein anderer, der die Reise um die Welt gemacht hatte, da waren Norweger, Deutsche usw. Ich war der einzige aus Dänemark.

Tieck liebt Holberg sehr, den er in einer alten Übersetzung besitzt, aus der er zuweilen vorliest, und zwar ganz vortrefflich. Ich hörte ihn diesen Abend den zweiten Teil von Shakespeares »Heinrich der Vierte« vorlesen. Er pflegt, wenn er vorliest, die Personen nicht zu nennen, aber er spielt eine jede, so daß man gleich weiß, wer es ist. Namentlich die komischen Szenen gab er ganz meisterhaft, und es war ganz unmöglich, über seinen Falstaff oder seine Frau Hurtig nicht zu lachen.

Als wir am Abend aufbrachen, bat mich Tieck, so lange ich in Dresden bliebe, ihn öfter zu besuchen, und bereitete mich namentlich auf den Genuß vor, der mir in dem Besuch der Bildergalerie und der Sächsischen Schweiz noch bevorstände; erstere war unglücklicherweise geschlossen, da die Bilder neu geordnet wurden, aber Dahl hatte mir versprochen, mich am andern Morgen hinaufzubringen, wo doch die besten Sachen schon alle aufgehängt waren. Ich sagte Tieck gute Nacht, Dahl zeigte mir den rechten Weg nach Hause – dies war der erste Tag in Dresden.

XI.

Die Bildergalerie. Das Linkesche Bad. Das Grüne Gewölbe. Die Rüstkammer. Ausflug in die Sächsische Schweiz. Pillnitz. Der Liebethaler Grund. Lohmen. Der Ottowalder Grund. Amor als Führer. Die Bastei. Die Wolfsschlucht. Hohnstein. Der Kuhstall.

Mit Dahl, unserem dänischen Gesandten, und den beiden jungen Norwegern ging ich nun zur Bildergalerie. In mehreren Sälen lagen die Bilder auf der Erde hingestreckt, aber in den meisten waren sie schon geordnet und aufgehängt. Welch eine Menge von Kunstwerken! Ein Bild verdrängte das andere, nur ein einziges blieb zurück in der Erinnerung. Es ist wahrlich zu viel des Guten auf einmal, es kommt zu einer Art geistiger Erschöpfung; ungefähr so, als läse man zu viele Aphorismen von Seneca, Jean Paul oder Rochefoucauld auf einmal.

Was soll ich zuerst erwähnen von den großen Einzelheiten, die den tiefsten Eindruck auf mich machten? Doch kann ich noch fragen? Raphaels »Madonna«! Ich durchflog die Säle, um dieses Bild zu finden, und als ich vor demselben stand, da – – setzte es mich gar nicht in Erstaunen. Es kam mir wie ein gewöhnliches Frauengesicht vor, aber nicht schöner wie ich sie oft gesehen. »Ist dies das weltberühmte Bild?« dachte ich und wollte damit überrascht werden, es zu sehen, aber es blieb in meinen Augen doch dasselbe. Es kam mir sogar vor, als ob mehrere Madonnenbilder, mehrere weibliche Gesichter auf dieser Galerie viel schöner seien; nun ging ich zu diesem zurück – aber da fiel mir der Schleier von den Augen, die anderen sahen jetzt wie Menschengesichter aus, denn ich hatte das Göttliche selbst gesehen. Ich trat jetzt wieder vor sie hin und fühlte das unendlich Wahre und Herrliche in diesem Bilde. Es ist nichts daran, was frappiert, nichts, was blendet, aber je aufmerksamer man sie und das Christuskind betrachtet, desto göttlicher werden sie. Ein so überirdisches, kindliches Gesicht hat kein Weib, und doch ist es die reine Natur. Es kam mir vor, als ob jedes fromme, unschuldige Mädchengesicht Ähnlichkeit mit diesem habe, daß dieses aber das Ideal sei, nach dem die andern strebten. Nicht Liebe, aber Anbetung rief dieser Blick hervor. Nun erst wurde es mir klar, wie der vernünftige Katholik vor einem Bilde knien kann. Es sind nicht die Farben auf der Leinwand, die er anbetet, es ist der Geist, der göttliche Geist, der sich hier leibhaftig offenbart vor dem leibhaftigen Auge, während die mächtigen Orgeltöne über ihn hinbrausen und die Dissonanzen der Seele auflösen, so daß eine Harmonie zwischen dem Irdischen und dem Ewigen entsteht.

Die Zeit hat die Farben auf dem Bilde gebleicht, aber dennoch scheint alles zu leben; die große Glorie von Engelköpfen im Hintergrund entwickelt sich mehr und mehr, und in dem Blick des Christuskindes sammelt sich der ganze große Ausdruck. Einen solchen Blick, ein so kluges Auge hat kein Kind, und dennoch ist es das natürlich Kindliche, was uns hier so tief ergreift. Und die lieblichen Engelkinder unten! Sie stehen da wie ein hübsches Bild irdischer Unschuld; mit kindlicher Ruhe sieht das jüngere vor sich hin, während das ältere den Blick zum Himmlischen über sich erhebt. Dieses eine Bild würde die Galerie berühmt machen, so wie dieses eine hinreicht, seinen Meister unsterblich zu machen. In demselben Saal hingen noch drei Meisterwerke; hier war Correggios »Nacht«, eine poetische Idee, herrlich aufgefaßt und durchgeführt.

Das Licht strömt von Jesus aus über alle die andern ringsumher. Namentlich frappierte mich eine weibliche Figur, welche die Hand vor die Augen hält und sich von dem starken, blendenden Licht halb abwendet. Die meisten pflegen dieses Stück unter den Arbeiten dieses großen Meisters obenan zu stellen, aber ich ziehe doch den »Heiligen Sebastian« vor, der ebenfalls seinen Platz in diesem Saal hatte. Welch herrliche Gruppe von Engeln! Sie schweben auf den leichten Wolken herab auf den frommen Märtyrer mit dem ruhigen, begeisterten Blick. Außerdem befand sich hier ein Stück, das ich das vierte von diesen gottbeseelten Bildern nennen zu dürfen glaube: ein Christus von Carlo Dolci; Hoheit und Schmerz waren in diesem edlen, gottergebenen Gesicht miteinander verschmolzen.

Ich ging von Saal zu Saal und besah all die großen Kunstschätze, aber stets mußte ich wieder zu diesen vier Schätzen zurück, zu Raphaels »Madonna« und Correggios Engelgruppen.

Doch bewahre ich aus meinem ersten Besuch auf der Galerie auch noch den Eindruck von andern vortrefflichen Bildern.

»Das Weltgericht« von Rubens, auf dem er seine drei Frauen im Porträt angebracht hat; zwei werden von Engeln in den Himmel getragen, die dritte dagegen schleppt der Teufel in die Unterwelt hinab. Rubens selbst sitzt auf seinem Grabe. Niemand scheint ihn zu beachten, er ist in tiefe Gedanken versunken; wahrscheinlich sinnt er darüber nach, wohin er kommen wird, und erwartet nun ruhig sein Schicksal.

Auf einem Bilde von Bassano, das die Arche Noah vorstellte, war es sehr komisch, daß das Schwein zuerst hineingetrieben wurde und also den ersten Platz bekam.

»Die heilige Magdalene« von Batoni war hübsch, sie schien mir allerdings ein wenig zu weltlich auszusehen, ja, gerade so, als kokettiere sie mit ihrer Heiligkeit.

Ein alter Oberst, den wir auf der Galerie trafen, sagte sehr zutreffend, daß sie aussähe, als könne sie noch ein paar Jahre dienen.

Geistig ermüdet von dem Genuß aller dieser Herrlichkeit und körperlich matt von dem vielen Herumlaufen, verließ ich die Galerie, um sie bald wieder zu besuchen.

Im königlichen Theater wurde nicht gespielt, da die Darsteller während der Sommermonate fast alle auf Reisen waren. Außerhalb der Stadt im Linkeschen Bade gaben die Zurückgebliebenen Vorstellungen. Eine junge Dame, Alexandrine Gebhardt vom Petersburger Hoftheater, spielte als Gast die Christine in »Die Königin von sechzehn Jahren oder Christines Liebe und Entsagung«, die deutsche Bearbeitung eines Vaudevilles von Scribe. Das Theater hatte eine ziemliche Ähnlichkeit mit unserem in Vesterbro und lag an der Elbe in einem kleinen Wäldchen, in dem sich Musik und Zelte befanden. Familien aus Dresden saßen ringsum in der grünen Natur und genossen Erfrischungen, während andere spazierten und wieder andere in bunten Gondeln auf der Elbe fuhren.

Die junge Schauspielerin hatte viel Erfolg und verdiente ihn; sie gab die Rolle mit einer Anmut und einer Feinheit, die das denkende Weib verrieten.

Zum Schluß sahen wir eine Art von Ballett, »Der Faßbinder«, dessen Inhalt sehr viel Ähnlichkeit mit dem alten Gesangsstück hat. Der Ballettmeister Herr Gärtner wurde herausgerufen, der Vorhang ging in die Höhe, das ganze tanzende Personal stand im Halbkreis mit dem Gerufenen in der Mitte, er machte eine Attitüde, legte die Hand aufs

Herz und schien sehr entzückt – dann klatschte man und lachte – das war das Ende vom Ganzen.

Es war ein herrlicher Abend im Freien! Die Musik ertönte so bedeutungsvoll hinter den grünen Hecken. Ich nahm eine Gondel, um die Elbe hinab nach Hause zu fahren. Die Augustusbrücke spiegelte sich im Wasser, und Dresden selbst erhob seine hohen Türme und Kuppeln in die Luft; es waren Schattenbilder auf einem goldenen Grund. Je weiter sich das Boot von dem kleinen Wäldchen entfernte, desto mehr erstarb die Musik im Wind. Unter der Brühlschen Terrasse, wo ich an Land stieg, war ein Feuer angezündet. Oben war ein Gewühl von Spaziergängern; der Jasmin verbreitete einen starken Duft um sich her, und unten in den Booten sangen einige lustige Matrosen die Barcarole aus der »Stummen«.

Welch einen Wechsel brachten mir jeder Tag, jede Stunde in dieser teuren Stadt! Welch eine Menge von Ideen und Gefühlen durchströmte mich in den neun Tagen, die ich hier zubrachte! Vom Morgen bis zum Abend tummelte ich mich umher, und jeden Augenblick sah ich etwas Neues.

Man empfahl mir, das Grüne Gewölbe zu sehen. Der Lohndiener verschaffte mir Gesellschaft, in der sich außer mir noch zwei Dänen befanden, und so wanderten wir aufs Schloß. Das Grüne Gewölbe ist eine Reihe von Zimmern, die, was ihre Bestimmung angeht, sehr viel gemeinsam haben mit unserem Schloß Rosenborg. Sie sind übrigens keineswegs *grün*, und niemand weiß so eigentlich, woher sie ihren Namen bekommen haben. Da gab es große Tische mit Blumen- und Früchtemosaiken; die Bilder der sächsischen Könige hingen in Lebensgröße an den Wänden; hier zeigte man Becher aus Silber und Gold und ein ganzes Zimmer voll Spielzeug aus Perlen und Edelsteinen. Echte

Perlen in ihrer natürlichen Gestalt waren angebracht wie der Körperteil, dem sie am meisten ähnlich sahen, die Verbindungen waren aus Silber oder Gold. So war eine Perle der Magen, eine andere der Kopf oder ein Bein usw. Ich sah Luthers Ring und ganze Schränke voller Edelsteine und Kostbarkeiten, die so tot und nichtssagend in all ihrem Glanz dalagen, daß ich nahe daran war zu verzweifeln über allen diesen Reichtum, der mich gar nicht interessierte. Wären die Wände nicht von Spiegelglas gewesen, und hätte ich nicht darin zur Abwechslung mein eignes Gesicht schauen können, in dem der Ausdruck unverkennbarer Langeweile mir viel Spaß machte, hätte es recht schlimm mit mir ausgesehen.

Mehr als das Grüne Gewölbe amüsierte mich die Rüstkammer. In den großen Gemächern hingen Waffe an Waffe; manch berühmtes Reitpferd, das einen königlichen Prinzen auf seinem Rücken getragen hatte, stand hier in Holz geschnitzt, angemalt und geschmückt mit Sattel und Zaumzeug. Obwohl der Mann, der uns herumführte, mehrfach erklärte, daß es ein dänisches Pferd sei, welches das hölzerne Bild vorstellte, ergriff es mich doch gleich tief. Könige und Ritter aus Wachs standen wie verzauberte Trabanten rundumher an den Türen und stierten uns mit ihren toten Augen an. Es gab hier ganze Schränke voller Pfeile und Pistolen; ich sah eine Trommel aus Menschenfell, ferner die Rüstung, welche Gustav Adolph an dem Tage getragen hatte, als er in der Schlacht bei Lützen fiel, einen Sattel, auf dem Napoleon geritten war usw.

Die ganze folgende Nacht träumte ich von nichts anderem als von Dolchen und Messern, mächtigen Wachsfiguren und großen hölzernen Pferden, so daß es mir gar nicht gutging.

Ich sehnte mich nach der Sächsischen Schweiz; am folgenden Tage, so wurde beschlossen, sollte ein Ausflug dahin angetreten werden.

Es war ein schöner Morgen. Ich ging in die katholische Kirche. Die Altarlichter waren angezündet, und in einer der Seitenkapellen kniete eine herrliche Gruppe von Kindern, kleinen Mädchen und Knaben, die mit ihren jugendlichen Stimmen einen Gesang anhuben, während die Sonne auf das Bild der Mutter Gottes schien. Ich lehnte mich an einen Pfeiler, während Gesang und Orgeltöne über mich hinrauschten. Ein alter, armer Mann, in Lumpen gehüllt, aber mit der tiefsten Zerknirschung in seinem dunkeln, barschen Gesicht, lag tief niedergebeugt im Gange, als ob er nicht den Mut habe, sich dem Altar zu nähern; aufrichtige Reue stand auf seinem Gesicht geschrieben, er blickte zur Erde nieder und betete seinen Rosenkranz, während die Kinder unschuldig fromm ihr Morgengebet sangen; ich mußte auch in meinem Herzen vor meinem Gott niederknien. Es war mir, als ob Gesang und Orgeltöne zu mächtigen Lebensbildern zusammenschmölzen, die an mir vorüberzogen. Wenn nur dies Ganze kein Traum ist, dachte ich, wenn ich nur nicht vielleicht gar zu Hause in Dänemark bin und schlafe und mich nur in diese fremde Stadt zwischen den Bergen hinträume, im Traum diese Orgeltöne und den frommen Gesang der Kinder höre, während der arme Bettler neben mir vor der Mutter Gottes kniet. Nein, ich träumte dies nicht, und doch träumte das Herz! Auch das löste sich in Tönen auf, denn das Herz ist eine Welt, in welcher die Gefühle, diese zwitschernden Vögel, Nester bauen, wo der Liebe leichter Kolibri singt, aber nur einmal singt, und dann wird das Herz zur Memnonssäule, aus welcher des Gesanges starkes Morgenlicht Töne hervorruft. In Liebe wurde der Mensch geschaffen, Liebe ist unsere Heimat; und daher wird jede Musik ein Kuhreihen, der die Erinnerung an die Heimat weckt. Ich mußte mich aus meinen Träumen herausreißen; man erwartete mich an der Elbe, wo unsere Gondel lag, der Ausflug in die Sächsische Schweiz sollte jetzt vor sich gehen. Bald schwollen die Segel im Winde, die raschen Ruderschläge teilten den Wasserspiegel, eine Reisegesellschaft sang und lachte, und ich mußte mitlachen, während die erwachten Lebenserinnerungen in meinem Herzen in schneidenden Dissonanzen bei diesem schroffen Übergang vom Traum zur Wirklichkeit widerhallten. Aber da war ich denn auch wieder ein Mensch ebenso wie die andern.

Wir kamen an mehreren großen Booten vorbei, die mit Landleuten angefüllt waren, Mädchen und Frauen, die in Dresden mit Milch gewesen waren; sie lagen in unterschiedlichen Gruppen in den Booten und hatten sich zum Schutz gegen die Sonne zugedeckt, während der Wind nur schwach in die Segel blies. Die Frauen waren ganz gelbbraun im Gesicht, die Mädchen dagegen rot und weiß, mit lebhaften, dunkeln Augen. Ich erinnerte mich an die »Donaunixen« und dachte mir nun diese ländlichen Schönen als die Beherrscherinnen des Elbstromes; ich sah einer der freundlichsten in die schwarzblauen Augen, und sogleich fuhr mir ein halbdutzend Romanzen und Balladen durch den Kopf. Die Weinberge bekamen ein frischeres Grün, die Nadelholzungen eine dunklere Färbung, und alle die rotbedachten Gebäude an den Bergabhängen standen da wie Erdgeister, die in dem starken Sonnenlicht ihr Leben eingebüßt hatten.

Bei Schloß Pillnitz, der Sommerresidenz des sächsischen Königs, stiegen wir an Land. Das ganze Gebäude sieht sehr chinesisch aus, als ob es auf einem Paar Teetassen und nicht in der schönen deutschen Bergnatur zu Hause sei. Ein Speisesaal zieht sich durch das ganze Hauptgebäude, die Decke wölbt sich zu einer Kuppel, die auf zwanzig freistehenden Säulen ruht, und die weißen Arabesken auf den hellblauen Wänden geben dem Ganzen einen hellen und freundlichen Anstrich. Steht man mitten im Schloßhof und hat die vier Palais mit ihren chinesischen Kupferdächern vor sich, braucht es nicht sehr viel Phantasie, um sich nach Tschung-ting-fu oder an die Ufer des Jangtsekiang zu denken. Aus einem Fenster sah ich ein fettes, rundes Gesicht mit einer langen Tabakspfeife schauen, und es mir kam vor, als müsse es zur Zing-Dynastie gehören. Die übrigen Reisenden waren der Ansicht, es sei ein schönes Schloß, und auch ich war dieser Meinung, denn ein so großes chinesisches Spielzeug hatte ich noch nie gesehen. Mir wurde ganz poetisch davon, und ich sang in einem fort:

»Kang-Hi, Hoangho, Kong-Fut-Tsee
Qvang-tschew, Mandschu, Macao-Tee.«

Ich bin nicht sicher, ob das ordentliches Chinesisch ist, aber letzteren holt man direkt aus China.

Unser Weg führte uns nun durch ein freundliches, kleines Dorf in die freie, schöne Natur hinaus; bald näherten wir uns dem Liebethaler Grund, einem herrlichen, langen Felstal. Hoch oben, an beiden Seiten, liegen Felder und Wiesen, von denen man sich gar nichts träumen läßt; gelbe und graue Steinmassen, zwischen denen verkrüppeltes Gebüsch aufschießt, erheben sich an den Seiten; der Fluß Wesenitz fließt mitten durch. Arbeiter brachen Sandstein aus dem Felsen, ein großer Steinblock hing über ihren Köpfen und drohte, auf sie herabzustürzen. Uns hatte man gesagt, wir sollten geradeaus auf dem Pfad bleiben, um nach Lohmen zu kommen, aber wir verliefen uns. Je länger wir gingen, desto enger wurde das Tal, die Felswände rückten näher zusammen, und wir konnten nur noch hintereinander auf dem schmalen Steg gehen, der bald über herabgestürzte Felsbrocken, bald durch Schilfrohr führte, das am Flußufer wuchs. Vereinzelte Sonnenstrahlen fielen zwischen die Felsen, die auf diese Weise halb im Schatten und halb in einem kräftigen Licht standen. Eine merkwürdige Stille, die mich im Innersten meiner Seele ergriff, lag über dem Ganzen; auch die anderen wurden so still. Wir kehrten wieder um und suchten uns in der Mühle einen Führer, nun wollten wir von oben in den stillen, romantischen Liebethaler Grund sehen, den wir alle in seinem tiefsten Heiligtum kennengelernt hatten.

Laß uns hier im Tale rasten!
Besser werden wir's nicht finden.
Hier am Mühlbach laß uns sitzen
Unter diesen alten Linden;
Über'm Mühlbach stürzt das Wasser,
Hörst du's drüben weiter rauschen?
Und des Müllers schöne Tochter
Seh ich dort am Fenster lauschen.
Unschuld wohnt auf ihrer Stirne,
In den Augen Treu' und Milde;
Sie betrachtet mich und freut sich
An der Landschaft schönem Bilde.
Stolze Felsen, grau' und rote,
Sich am Fluß hinab erstrecken,

Und im Sonnenscheine singen
Vöglein in Gebüsch und Hecken.
Welche Landschaft! Laß uns weilen!
Hier zur Freude nur vereinen
Alle Gegenstände sich, und dennoch
Ist mir angst, ich möchte weinen. – –
Hör' ich doch den Vogel zwitschern:
»Seit geraubt sind meine Jungen,
Der Gefährte mir erschossen,
Hab' ich traurig nur gesungen!«
Malerisch hebt sich der Felsen. –
Neulich stürzten große Stücke,
Töteten 'nen armen Vater,
Weiter niemand – welch ein Glücke!
Es erwärmen viele Länder
Weit und breit der Sonne Gluten;
Scheint die Sonne doch gleich freundlich
Auf die Bösen wie die Guten!
Ist mir doch, als hört' das Mühlrad
Ich die Worte deutlich sprechen:
»Neulich hört' ein junges Herz ich
Unter mir im Wasser brechen!«
Selbst das Mädchen – – laß mich weinen!
Diese Bitterkeit und Schmerzen
Sich nicht außer mir befinden,
Wohnen nur im eignen Herzen.

In der Natur und der Welt gibt es keine Dissonanzen, die eine löst sich in der andern auf, und in unserer eigenen Brust müssen wir die letzte suchen, die nur von dem höheren Meister aufgelöst wird.

Diese schöne Felspartie, wo die Steinblöcke in wilden

Formen über dem Haupt des Wanderers hängen, hätte diese scharfen, malerischen Formen nicht bekommen, wäre nicht das oberste Stück herabgestürzt; aber es kostete einen Menschen das Leben – das Leben? Darf denn nicht der große Rechenmeister eine falsche Zahl in seinem Rechenwerk ausradieren, die einen Fehler im Ganzen ausmachen könnte?

Wir gingen auf dem hohen Bergrücken entlang und blickten ins Tal hinab, das wie ein mächtiges Bild von meinem eigenen Herzen dalag, still und dunkel mit dem brausenden Fluß, während oben die Sonne so warm und schön die wallenden Kornfelder und den Weg beschien, auf dem Kinder spielten und sich tummelten.

Bei Mühlsdorf stiegen wir ins Tal hinab, überschritten die Wesenitz auf einer Brücke und befanden uns in dem Flecken Lohmen. Dieser ist früher eine kleine Stadt gewesen und hat noch einige städtische Rechte; das Schloß erhebt sich auf einem hervorragenden Felsen, hoch über dem Fluß; beide Hauptgebäude desselben sind durch einen Balkon verbunden, der auf einer Felsspitze angelegt ist, von der man eine herrliche Aussicht auf die romantische Umgebung genießt. Auf einer hier angebrachten Tafel las man eine gereimte Inschrift, die einem erzählt, daß vor ungefähr fünfzig Jahren ein junger Landmann, der sich auf dem Balkon schlafen gelegt hatte, von hier hinabstürzte, aber, obgleich er aus einer Höhe von sechsundsiebzig Fuß fiel, dennoch mit Gottes Hülfe glücklich davonkam.

Nicht weit davon liegt die Kirche; man sagt, daß es eine der schönsten Dorfkirchen in ganz Sachsen sei. Sie kam uns ganz besonders freundlich vor; ein frisches Grab war soeben aufgeworfen und mit weißem Sand bestreut, aber der Wind hatte die Blumen vom Grabe fortgeweht; ich sammelte sie wieder zu einem Kranz zusammen und legte diesen darauf. Ein kleiner Vogel in einem nahen Baum zwitscherte, als wolle er mir Dank sagen; er hatte gewiß den kleinen Schläfer gesehen und gekannt, der hier sein müdes Haupt in der kühlen Erde zur Ruhe gelegt hatte.

Von der Ruhestätte der Toten gingen wir zu der der Lebenden. In der Nähe eines Parks, in dem eine Schar schnatternder Enten im Teich schwamm, lag ein Wirtshaus. Wir traten in die Gaststube – ja, hier war etwas für einen Maler! Ein paar Bauern saßen in einer Gruppe zusammen und spielten Karten; oh, sie hatten ganz charakteristische Gesichter! Gerade kam das Mädchen mit einer Kerze die hohe Treppe, die vom Nebenzimmer hereinführte, hinunter; der Lichtschein fiel auf das jugendlich frische Gesicht, das die Fremden verstohlen anblickte. Zwei Frauen spielten Harfe und sangen; sie griffen wie ein Sturmwind in die Saiten und sangen mit etwas kreischender Stimme: »Herz, mein Herz, warum so traurig?«, so daß uns ganz »traurig« dabei zumute wurde. Bald dampfte das Abendessen vor uns, einige wegen ihres Alters ehrwürdige, gebratene Enten; der Wirt stand mit verschränkten Armen in einer schönen, ernsten Haltung da und sah auf uns und die Enten mit einer Miene, als wolle ihm nichts von beiden so recht schmecken. Dann begaben wir uns zur Ruhe – aber laßt uns die Nacht hier überspringen! Sie reichte mir in der Wirklichkeit. Natur und Kunst hatten mir hier einen Geniestreich gespielt; die erste hatte mich zu lang geschaffen, die letztere hingegen das Bett zu kurz. Aus Verzweiflung spielte ich Nachtwandler und ging hinunter in die große Gaststube, dort allerdings sah es allzu romantisch aus! Rundum auf Strohlagern schlummerten Leute mit dichten, schwarzen Bärten; ein häßlicher, schwarzer Bul-

Der Ottowalder Grund

lenbeißer, der wie ein abgenutzter Reisekoffer aussah, stürzte mir mit einem heulenden Kriegsgeschrei entgegen, so daß ich ihm als ein kluger General den Rücken zuwandte. Draußen regnete es in Strömen und plätscherte, als wollte es sagen: »Sieh, so ging es bei der Sündflut zu!« Der Tag begann zu grauen, aber nicht die Hoffnung, wieder in die Berge zu kommen. Es war das erste schlechte Wetter, das ich auf meiner Reise hatte, daher fand ich es sogar recht interessant; »es wird wohl später am Tag besser werden«, dachte ich, und kaum war eine Stunde vergangen, da regnete es schon weniger; wir faßten Mut, und mit einem kleinen zehnjährigen Bauernjungen als Führer begaben wir uns nun auf die Reise, um durch den Ottowalder Grund die Bastei zu besteigen. Der kleine Junge lief mit bloßen Füßen, lachte und schwatzte in einem fort, und es kam mir beinahe vor, als habe er einen Schelm im Nacken, als wäre der leibhaftige Amor unser Führer geworden; »wenn er nur nicht zum Verführer wird!« dachte ich, und es gingen mir manche von seinen schlimmen Streichen durch den Kopf.

»Der kleine Rotzbube, der mit Pfeilen herumläuft«, nennt ihn unser genialer Wessel, und ärgerlich ist es in der Tat, daß so ein Bübchen das Recht haben soll, große, erwachsene Leute aufzuspießen. Man sagt freilich, daß die, die einander bekommen, sich sogleich gegenseitig die Pfeile wieder herausziehen helfen, so daß dann alle Liebe vorbei ist; aber die andern behalten den Pfeil im Herzen, und da wird er oft tödlich.

Inzwischen hatte es wieder zu regnen begonnen, aber nur ein wenig; wir stiegen stufenweise immer tiefer in ein Tal hinab; es war der Ottowalder Grund. In der wunderbarsten Gestalt erhoben sich hier die Felswände an beiden Seiten, herrlich bewachsen mit Kräutern und buntem Moos; Sträucher und Bäume standen in malerischen Gruppen zwischen den Klüften, tief unten stürzte ein kleiner Bach hin, und oben über uns sahen wir nur ein einziges Mal ein kleines Stück von dem graubewölkten Himmel. Bald traten die Felswände so nahe aneinander, daß wir nur noch einer hinter dem andern gehen konnten; drei ungeheure Felsblöcke waren von oben herabgestürzt und bildeten ein natürliches Gewölbe, unter dem wir durchgehen mußten, hier war es völlig dunkel! Ich sah unsere kleine Ausgabe von einem Führer, der mit einem Haselstock in der Hand lustig voranhüpfte, ein wenig mißtrauisch an.

Das Tal wurde nun mit einem Mal breiter, dann wieder schmäler; der Kleine zeigte uns das Steinerne Haus, einen Haufen Steinblöcke, die aussehen wie Dächer und über einigen Höhlen liegen, in denen die Bewohner der Umgebung in Kriegszeiten ihr Eigentum versteckt hatten. Wir betraten die Teufelsküche, eine wilde Felskluft, wo die übereinandergestürzten Felsmassen eine lange, essenförmige Öffnung gebildet hatten. Ich blickte durch dieselbe nach oben, einige Wolken zogen gerade darüber weg, und es war, als ob ein gespenstisches Wesen sich davonmachte, hinaus in die freie Luft.

Bald wichen die Felsen zurück, und ein weites Tal breitete sich aus. Die weißblauen Nebel hingen in leichten Wolken über den Berggipfeln, der Himmel und die Erde schienen zu einem großen Felsmassiv zusammenschmelzen zu wollen. Es ging immer vorwärts, und immer änderte sich das große Panorama der Natur um uns herum. Der kleine Amor wußte recht gut Bescheid, er würde uns nicht in die Irre führen; man urteilt auch allzu streng über den Genius der Liebe.

Amor als Führer

Nicht so schlimm bin ich, wie's aussieht,
Jeder kennt ja dieses Lied!
Führe ich doch alle Kleinen
Hin zum Elternpaar, dem reinen.
Mit dem Vater Hoppe-Reiter,
Durch die ganze Welt und weiter,
Jede Mutter nur ihr's sieht –
Wessen Schuld ist's, was geschieht?

Meine, denn ihr Führer bin ich
– und ihr Leben interessiert mich.
Wenn sie erst erwachsen sind,
Dann spiel ich mein Spiel als Kind:
Damit sie flatterhaft und guter Dinge,
Send ich ihnen Schmetterlinge.
Dem Adam die Eva bring' ich bei,
Und bau' ein Paradies für zwei.

Laß sie flattern, laß sie walten,
Hochzeit wird am End' gehalten!
Und wenn's gute Leute sind,
bring' ich auch ein gutes Kind.
Eins zum andern nach der Reih',
Manchmal sind's auch zwei bis drei,
Engel sind's – doch ihre Schwingen,
Kann man nicht sehen, nur besingen.

Wenn sie dann recht müde sind,
Die Erwachs'nen wie die Kind',
Eile ich, dafür zu sorgen,

Daß sie schlafen bis zum Morgen.
Seine Kammer findet jeder so,
Wirklich jeder – frag nicht wo;
Einen Kranz bind' ich für jeden,
und dann schlafe ich bei ihnen.

Der Weg führte ständig zwischen dichten Tannen nach oben, der weiße Wolkennebel hing tief über unseren Köpfen; ein großes, hübsches Gebäude lag vor uns, es war das Wirtshaus auf der Bastei. Hier ist es hoch, sehr hoch! Du mußt ein paar Kirchtürme aufeinandersetzen und dann nicht schwindlig dabei werden, wenn du auf der obersten Spitze stehst. Ein Gitter ist angebracht, damit du nicht fällst! – Das lange weißgelbe Band dort unten, das vor deinen Augen nicht breiter aussieht als das Trottoir auf der Straße, ist die Elbe; das gelbbraune Pappelblatt, das du schwimmen zu sehen glaubst, ist ein langer Flußkahn; du kannst auch, aber nur wie kleine Punkte, die Menschen darauf erkennen! – Versuche, einen Stein in die Elbe hinabzuwerfen, du mußt deine ganze Kraft anwenden, er erreicht sie doch nicht sondern fällt diesseits ins Gras. Die Dörfer liegen dort unten wie Spielzeug auf einem Jahrmarktstisch. Dort erheben sich der Königstein und der Lilienstein hoch in den Wolkennebel; aber sieh, dieser zerteilt sich! Sonnenstrahlen fallen auf den Pfaffenstein und die Kuppelberge! Der ganze Wolkenvorhang hebt sich, und in der blauen Ferne siehst du die böhmischen Rosenberge und den Geisingberg im Erzgebirge. Dicht neben uns, links, erheben sich nun wilde Felsstücke aus dem Abgrund, und aus der Tiefe steigt ein gemauerter Pfeiler empor, auf dem eine Brücke ruht, welche die Bastei mit dem Felsenschloß verbindet. In der Felsschlucht unter uns ist es ganz dunkel, der Führer zeigte uns in den Felsen Spuren, daß hier früher Menschen gelebt haben; wir sahen Klüfte eingehauen, wo sie lebten und sich tummelten. Es sieht aus, als ob die große Felsmasse gesprengt sei, als ob eine mächtige Naturkraft hier versucht habe, unsern stolzen Erdball zu spalten.

Der Weg schlängelte sich an dem tiefen Abgrund entlang, Felswände und Klüfte wechselten miteinander, erst waren wir in einem dunklen Wald, dann auf einem offenen Fahrweg. Es war eine Abwechslung, bei deren Beschreibung die Lippen müde werden. Von einem Fels stürzte sich ein kleiner Bach herunter; er kam von so weit oben, daß man zwischen die Felswände und den brausenden Strom treten konnte; dahinter lag eine tiefe Höhle, von der aus man nur die Wassermassen sah, die sich draußen hinabstürzten.

Die ganze Natur war mir eine große lyrische, dramatische Dichtung in jedem möglichen Versmaß. Der Bach zankte in den vortrefflichsten Jamben über die vielen Steine, die ihm im Wege lagen, und die Felsen standen so breit und stolz da wie respektable Hexameter. Die Schmetterlinge flüsterten den Blumen Sonette zu, indem sie ihre duftenden Blätter küßten, und alle Singvögel zwitscherten, jeder wie ihm der Schnabel gewachsen, in sapphischen und alcäischen Versen. Ich hingegen – schwieg und will auch hier schweigen.

Wir kamen zum Brandt, einer Felspartie mit einer herrlichen Aussicht auf den Königstein und Pirna. Ein kleiner Fluß schlängelte sich durch das tiefe Tal, er sah aus wie eine weiße Schnur auf der grünen Fläche. Eine Hütte aus Baumrinde lud uns zur Rast ein, unterdessen sammelte ein runzliges Mütterchen – ob es eine Waldfee war, vermag ich nicht zu sagen – einige Reisigzweige, machte Feuer und verhalf uns so zu Teewasser. Als Dank machte ich sie zu einer Räuberhexe und sie uns zu ihren wilden Söhnen.

Nun führte der Weg nach Hohnstein und Schandau, aber erst wollten wir einen kleinen Abstecher machen, um die barocke Natur bei der Teufelsbrücke zu sehn. Der Teufel hat wirklich Geschmack. Jede Stelle, die seinen Namen trägt oder auf ihn hindeutet, hat etwas außerordentlich Pikantes. Es sind die allerromantischsten Gegenden, die man mit seinen Interessen in Verbindung gesetzt hat. Wie gesagt, er hat Geschmack, und das ist eine gute Eigenschaft. Dem Wagen, der schräg steht, geben alle einen Schubs, sagt ein altes Sprichwort; alle reden schlecht über den Teufel, doch niemand denkt daran, daß er nur seine Pflicht tut. Es ist nun einmal sein Amt, die Menschenkinder zu verführen. Er ist der Prüfstein in dieser Welt, durch ihn sollen wir zum Besseren geläutert werden; er ist der Kampf und die Flamme, dieses »aspera« auf dem Weg »ad astram«, er hat also eine wichtige, verdienstvolle Rolle im großen Drama des Lebens.

Die Teufelsbrücke ist gleichsam hingeworfen über eine Schlucht zwischen zwei senkrechten Felsen; ein Berg ist hier gespalten von seiner obersten Spitze bis an den grünen Fuß, aber die ganze Öffnung ist nur ungefähr vier bis fünf Ellen breit. Einige Schritte davon ist noch eine ähnlich tiefe Spalte, aber diese geht in wunderlichem Zickzack und bildet gleichsam eine Art Gang. Durch den Dichter Kind hat diese Stelle ein eigenes Interesse bekommen, indem er die Beschwörungsszene im »Freischütz« hierherverlegt hat. Diese tiefe Spalte ist die vom Theater her bekannte Wolfsschlucht, sieht aber nichts in der Welt weniger ähnlich als der Dekoration, durch die man sie gewöhnlich darstellt; es würde übrigens auch sehr schwierig sein, das Ganze darzustellen, wie es sich in der Wirklichkeit zeigt. Von des Felsens höchster Spitze steigt man durch diese Spalte ins Tal hinunter; die Felsstücke sind einander so nahe, daß nur einer hinter dem andern gehen kann; bald klettert man an einer Leiter hinab, bald Stufen, die man in den Felsen eingehauen hat, und ganz unten befindet man sich zuletzt in einer engen Höhle, in der nicht mehr als drei bis vier Menschen Platz haben.

»Hilf, Samiel!« riefen wir, als wir noch kaum die Hälfte hinabgestiegen waren; denn hier schien es bodenlos zu sein. Jedesmal, wenn wir um ein Felsstück herumkamen, von dem wir glaubten, daß es den Ausgang verberge, lag noch immer ein tiefer Abgrund unter uns.

Endlich traten wir ins Freie – doch so können wir die Wolfsschlucht nicht verlassen.

Zauberkugeln will ich gießen;
Samiel! Hilf mir, Blei soll fließen!
Zaubern bei des Sturmes Macht,
Sechs sind mein, auf die siebt' gib acht.
– Der erste Schuß, so geht's damit,
Soll treffen jeden Jesuit.
Und haben wir dies dann gesehen,
Sei's mit dem zweiten um schlechte Poeten gescheh'n;
Obwohl, bedenke ich deren Tun,
So sollen sie in Frieden ruh'n.
Nein, den Vogel des Glücks, den soll es treffen,
Den Papagei will ich nicht retten.
Die dritte Kugel will ich verschießen,
Ach, wenn sich Sorgen und Not so treffen ließen.
Die vierte? Sie soll fliegen mit aller Wucht,

Ins Herz der Lüge und Redesucht.
Aber die fünfte? Wen bringt sie in Not?
Nein, ihm wünsche ich nicht den Tod,
Nur ein wenig die Flügel zu stutzen ich eil',
Dir Amor, als Dank für den letzten Pfeil.
Die sechste? Nun heißt es schnell entscheiden,
Ja! Mit ihr kann ich unser'n Bund zerschneiden.

Bald waren wir bei Hohnstein, einem kleinen Bergdorf mit einem Schloß. In seinen schummrigen Gewölben war einst ein Gefängnis; ich fand hier eine frisch duftende Rose, die sicher irgend jemand erst kürzlich verloren hatte. Sie machte auf mich hier einen weit tieferen Eindruck, als wenn sie im blanken Sonnenschein an ihrem grünen Zweig über dem luftklaren Bach geschaukelt hätte.

Unser nächster Besuch galt Schandau, einer freundlichen kleinen Stadt nahe der Elbe, umgeben von hohen Bergen und Sandsteinfelsen, die mit Nadelbäumen bewachsen sind! Hier gibt es einen Gesundbrunnen und ein Badehaus. Wir sahen beides nicht; hingegen waren wir in der Kirche, wo man auf den Wänden, oben am Altar, die Jahre markiert hat, in denen die Elbe bis hier heraufgestiegen war. Einige Male war das Wasser sogar über den Altar gekommen, bis hoch zur Kanzel. Im Wirtshaus sah ich das Plakat für eine Komödie; an diesem Abend gab es ein Schauspiel in der kleinen Stadt, gespielt wurde Kotzebues »Die Hussiten«, und man bat das verehrte Publikum, Kinder als Statisten dafür zu liefern. Daran wird es wohl keinen Mangel gehabt haben, ebensowenig wie an Zuschauern, denn wer wollte nicht seinen kleinen Sohn oder seine Tochter Komödie spielen sehen. Gewiß fand man es auch ziemlich geschmacklos von uns, daß wir lieber einige tote Berge und Wälder sehen wollten als das herrlichste Stück, das bisher in Schandau aufgeführt worden war.

Wir standen wieder in Gottes freier Natur. Ein breiter Fahrweg, der zwischen grünen Waldungen sich an einem kleinen Fluß hinschlängelte, führte uns in die wilde Felsgegend hinein. Die Damen wurden in Tragstühlen den Felspfad hinaufgetragen, wir andern trugen uns selbst, und so langten wir ungefähr um dieselbe Zeit am Ziel unserer heutigen Wanderung an. Eine hohe, gewölbte Felsöffnung lag vor uns. Es war der Kuhstall. Er sieht im ersten Augenblick aus, als sei er von Menschenhänden ausgeführt; aber wenn man die stolze Masse näher betrachtet, fühlt man, daß nur die Natur einen solchen Riesenbau ausführen kann. Im Dreißigjährigen Kriege sollen die Bewohner der Umgegend hier einen Zufluchtsort gefunden haben; hier versteckten sie namentlich einen großen Teil ihres Viehs, woher auch der Name gekommen sein mag. Es fing an zu regnen, aber wir saßen trocken unter dem Portal, während sich ein prächtiger Regenbogen über den Waldungen und zwischen den umherstehenden Felsen ausspannte. Niemals habe ich so starke Farben, nie einen so schönen Regenbogen gesehen; er zeigte sich nicht bloß in der Luft, er ging auch an der Felswand hinunter und rundete sich tief unter uns auf den Gipfeln des schwarzen Fichtenwaldes ab; er bildete einen vollkommenen Zirkel. Ein alter Mann in einem grauen, abgenutzten Rock saß auf einem Felsblock am Eingange der Halle und spielte uns etwas vor; mehrere Saiten auf seiner Harfe waren gesprungen, eine Dissonanz folgte der andern; sah man aber den alten Mann an, dessen Leben gewiß auch diesem Harfenspiel glich, da kam wieder Harmonie in das Ganze. Die Dissonanzen lösten sich in meinem Herzen in Wehmut auf.

Ein schmaler Weg, der wie durch den Felsen gehöhlt war, führte uns hinaus zu einer dritten Seite dieses Felsportals; nackte Steinwände erhoben sich zu beiden Seiten, wir mußten auf Leitern und Treppen hinaufklettern, um auf die oberste Spitze des Felsens zu gelangen. Die erste Höhle wurde das Wochenbett genannt, weil zur Zeit des Krieges unglückliche Mütter hier ihre Kinder zur Welt brachten. Die Leiter zog sich dicht an dem tiefen Abgrund hin; wir kamen über eine kleine Brücke zu einer andern Felspartie; hier war auf einen Felsen eine Schere gemalt. Die Stelle hieß das Schneiderloch und soll einer Räuberbande zum Aufenthalt gedient haben, deren Anführer das Schneiderhandwerk gelernt hatte, später aber Neigung bekam, Menschen statt alter Kleider aufzutrennen. Um hinein- und wieder herauszugelangen, mußte man auf Händen und Füßen kriechen, und es hatte wirklich etwas Unheimliches, hier in der Abenddämmerung den einen nach dem andern aus der tiefen Höhle herausschleichen zu sehn, hoch oben zwischen zwei gähnenden Abgründen. Übrigens war hier ein vortreffliches Echo, das die Worte sechs- bis siebenmal wiederholte. Nahe dabei liegt das Pfaffenloch, eine Öffnung in einem Felsen, durch die während der religiösen Verfolgungen ein Priester gestürzt worden war. Ich blickte in die Tiefe hinab, es war vollkommen dunkel darin, während der Himmel oben noch von der untergehenden Sonne gerötet war. Bevor wir wieder hinunterkamen, mußten wir auf Händen und Füßen durch die Krumme Karoline kriechen, eine Höhle mit vielen Krümmungen, die wieder auf den Fußweg zurückführte. Nirgends habe ich übrigens eine solche Menge von Namen gesehen wie hier im Kuhstall, nicht einmal im Adreßbuch gibt's so viele! Die ganze Felswand, auswendig wie inwendig, war über und über eine bunte Malerei von Namen; einige waren sogar eingemeißelt und dann noch hinterher ausgebrannt oder mit Teer bestrichen. Diese Unsterblichkeit hat doch etwas Mühe gekostet!

Im übrigen will ich als Kuriosum zwei Verse festhalten, die ich in einem der Bücher fand, in welche die Reisenden hier ihre Namen schreiben. Einer schrieb, als er heraufgekommen war:

»Es ist geschehn! Es ist geschehn!
Ich habe den göttlichen Kuhstall gesehn!«

Ein anderer, der diesen Vers gelesen hatte, schrieb darunter:

»Ich habe gelesen! Ich habe gelesen!
Es ist ein Ochs im Kuhstall gewesen!«

XII.

*Eine Wanderung in Böhmen hinein.
Rückreise über Pirna. Der Sonnenstein.
Die letzten Tage in Dresden.*

Sowie der Tag graute, waren wir schon alle auf den Beinen; das Nachtlager war nicht das beste gewesen, im übrigen aber tadellos. Das »Hôtel de Kuhstall«, wenn man es so nennen will, besteht im wesentlichen aus rohen Bohlen; uns wurde mitten auf dem Boden ein Familienbett gerichtet, ein großer Fels ragte wie ein Schornstein ins Zimmer, wo wir in unseren Kleidern Seit an Seit schliefen, während die Damen oben auf dem Dachboden in ein ähnliches Bett gesteckt worden waren. Die Vögel zwitscherten lustig; aber sie hatten wahrscheinlich auch besser geschlafen als wir, zumindest lagen sie in dem Bett, das sie gewohnt waren. Der ganzen Natur hingen Nebelwolken wie Schlaf in den Augen, so daß sie eben auch nicht sehr vergnügt aussah. Endlich brach aber doch die Sonne durch, nur war ich den ewigen Tannenwald leid, der selbst in der besten Beleuchtung auf mich kalt und steif wirkte. Der Weg ging über Basaltstücke in einem beständigen Zickzack aufwärts. So gelangten wir auf den Kleinen Winterberg. Hier soll Kurfürst August von Sachsen im Jahre 1558 einen mächtigen Hirsch bis an den äußersten Rand des Felsens verfolgt haben; der Kurfürst stand auf dem schmalen Pfade unter dem Felsen, der Hirsch hingegen, von den Hunden verfolgt, stand oben und war im Begriff, auf ihn herunterzuspringen, so daß er rettungslos in den Abgrund hinabgestürzt wäre; es gab nur ein Mittel der Rettung, das Tier zu erlegen; er legte an und traf es glücklich. Der Sohn ließ später an dieser Stelle ein Jagdhaus erbauen, das noch steht und an dessen Giebel das Geweih dieses Hirsches prangt.

Nach einer etwas ermüdenden Wanderung hörte endlich das Nadelholz auf, und wir standen unter herrlichen, grünen Buchen, ringsum sprudelten Quellen aus dem fruchtbaren Erdreich hervor, noch einige Schritte weiter, und wir befanden uns 1780 Pariser Fuß über der Meeresfläche. Welche Unendlichkeit lag da um uns her! Tief unten in dem wildbewachsenen Abgrund schlängelte sich die Elbe wie ein schmales Band, das sich bei Dresden verlor, dessen Türme und Kuppeln sich an dem Hintergrunde der blauen Meißner Berge erhoben. Die schönste Aussicht war jedoch nach Böhmen zu. Nie habe ich mir den dunkelblauen Schein der Gebirge so deutlich vorstellen können! Wie ein versteinertes Meer lagen die Berge vor mir, und weit an dem fernen Horizont erhob sich das Riesengebirge mit seinen schneebedeckten Gipfeln wie ein luftiges Wolkenland, wo man bis zum Kolmberg sehen konnte, obwohl er vier oder fünf Meilen entfernt ist. An den Bergwänden zogen schwere Wolken hin; hier lag eine Partie ganz im Schatten, während sich wiederum eine andere im klarsten Sonnenlicht erhob. Auch in meinem Herzen schien die Sonne, während schwere Wolken über diese innere Welt hinfuhren. Es liegt etwas ungeheuer Ergreifendes darin, auf solche Weise über ein großes Land hinzuschauen; so manches Herz schlägt doch in Sehnsucht und Freude dort unten im Tal! So manche Träne fällt brennend heiß hoch über den Wolken auf die stolzen Berge! Könnte man in dem Herzen des fremden Mannes lesen, der dort im Gebüsch sitzt; welche Idylle oder welches Epos würde man da vielleicht finden! Er sieht hinab in die freundliche Landschaft unter den wilden Felsmassen und auf die segelnden Wolken, die dieses Paradies des Friedens bald verhüllen, bald sich wieder öffnen und es zeigen.

Hoch auf dem Berg, wo die Wolken ziehn,
Wo die Fichten stehn, so dunkelgrün,
Wo die Quelle hüpft über Fels und Stein,
Sitz' ich allein!
Einem Eiland gleichet der Felsen bald.
Die Wolken nehmen des Meers Gestalt,
Und wenn die Wolkenmasse bricht,
Seh' ich dort unten, im Sonnenlicht
Hell beschienen, das grüne Tal –
Da war ich einmal!
Wo die Vögel im Walde singen so schön,
Wo der Menschen braune Hütten stehn,
Wo des Rauches blau durchsicht'ger Flor
Steigt an der Felswand wirbelnd empor.
Eine Heimat fand ich an diesem Ort
Und eine Herzgeliebte dort;
Es entbrannte das Herz und die Seele mein
Für sie nur allein!
Sie liebte mich – und sie war treu,
Treu – und deshalb schieden wir zwei.
Sie war Braut – dort steht ihre Hütte,
Dort in des Eichwalds schattiger Mitte,
Und an der Bergwand grünendem Fuß
Sie die Gedanken verbergen muß.
Sie darf im Herzen nicht bei mir sein,
Ich aber träume nur sie allein!
Sünde auf Sünde häuf' ich im Schmerz,
Sie nur erfüllet mein ganzes Herz.

– O du wogendes Wolkenmeer,
Zieh über's Grab meiner Liebe her!

Zuweilen kann eine einfache Melodie, die wir nur ein einziges Mal hören, einen so mächtigen Eindruck auf unsere Seele machen, daß wir sie mitten im Gewühle der Welt wieder zu hören glauben, ohne daß wir sie deshalb laut zu singen im Stande sind; in uns lebend braust sie durch unser Inneres. So ergeht es mir auch mit den herrlichen Naturszenen; diesem Tonstück, welches in Farben mit Licht und Schatten hervortrat, das ich auf der Wanderung von wenigen Stunden in den böhmischen Bergen kennenlernte. Viel trug vielleicht der Umstand dazu bei, daß dies die südlichste Partie war, die ich zu sehen bekommen sollte, daß ich, nachdem ich hier gewesen, beständig mich wieder nordwärts, nach der Heimat zu, wandte. In der herrlichsten Sonnenbeleuchtung liegt die schöne Landschaft in meiner Erinnerung, ich sehe ganz deutlich einen jeden einzelnen Punkt, und wie die verklungenen Melodien tönt es oft durch meine Seele, ohne daß ich es jedoch so recht in Tönen und Liedern aussprechen kann. Ich sehe den großen, offenen Fleck im Walde mit den ungeheuren Fichten, wo man uns sagte, daß wir nun die Grenze überschritten; ich sehe das sonnenverbrannte böhmische Mädchen mit dem weißen Tuch um den Kopf und den bloßen Füßen, die uns in dem finsteren Tannenwald begegnete, und dann die wilde Felsenpartie, das Prebischtor, wo wir unter dem kühnen, steinernen Bogen standen, den der mächtige Naturgeist keck über unsern Häuptern gewölbt hatte. Ich sehe die unübersehbaren schwarzen Waldungen tief unter uns und die fernen Berge mit ihrem Schnee, den kräftige Sonnenstrahlen beleuchteten. »Nur ins Tal hinunter und dann

Prebischkegel mit Schneekoppe

nicht weiter!« dachte ich. »Und doch öffnet sich dir hinter jenen Bergen ein noch schöneres Tal, wo man die Grenzen Tirols sieht, wo man schon Italiens Luft auf den Bergen dort einatmet! Nur hinunter ins Tal, und dann heimwärts – heimwärts nach Norden zu, um vielleicht niemals hierher zurückzukehren, – niemals die Berge wiederzusehen mit ihren schwarzen Waldungen hoch oben in den weißblauen Wolken!« Schon war ich dabei, die Heimat in ihrem größten Schatten zu betrachten, recht lebendig sah ich an einem regnerischen Herbsttag kleine und große Menschen geschäftig die Østergade auf und ab laufen. Anstelle Vogelgesangs hörte ich nichtssagendes Geschwätz, die reizenden Kritiker, die Bitterkeit und die vornehmen Töne, mit denen sie mich alle erziehen wollen. Der Dichter ist ein kleiner Vogel, der seine eigenen Lieder zwitschern muß; er ist kein Königsadler, den die Menge fürchtet, oder eine Schwalbe, der sie blind vertrauen und die sie nicht zu verletzen wagen. Er muß es auch aushalten, daß jeder Bengel, dem so etwas einfällt, einen Stein nach ihm werfen darf. Wäre ich hier allein gewesen zwischen den Felsen, da hätte ich weinen können, und das würde dann gewiß in meinem Innern Bilder aus der Heimat hervorgerufen haben, die mich aufs neue mit der Welt versöhnt hätten. Wir liefen den steilen Bergabhang hinab, an dem sich der Pfad in mannigfachen Krümmungen schlängelt; durch die Heiligen Hallen, eine romantische Felsenpartie unterhalb des Berges, kamen wir auf die große Landstraße im Walde; böhmische Bauern fuhren an uns vorüber, große, starkgebaute Pferde zogen die Wagen; der Wald hallte von Axtschlägen wider, wir kamen an mehreren Holzhauern vorbei, die unter frohem Gesang Bäume fällten. Die Böhmen haben einen angeborenen Hang zur Musik, fast jeder Bauer spielt die

Geige oder bläst die Flöte. Schon dies macht mir das böhmische Volk lieb, denn wer die Musik liebt, muß auch ein offenes, gutes Herz haben. Die Töne sind doch der Irisbogen, der den Himmel mit dem Irdischen verbindet. Farben, Töne und Gedanken sind doch im Grunde die Dreieinigkeit des Universums. Das Irdische spricht sich in der Potenz der verschiedenen Farben aus, und diese offenbaren sich wieder geistig in den mächtigen Tönen, die ihrerseits den Schlüssel zu des Herzens innersten Tiefen besitzen! Nur die Töne sind imstande, die Gedankenrätsel zu lösen, die oft in unserer Seele geweckt werden.

Wir kamen an einem kleinen freundlichen Hause vorbei mit rotgemaltem Holzwerk und mit Weinranken an den Mauern; da saß ein kleiner sonnenverbrannter Knabe mit silberweißem Haar und übte sich auf einer alten Geige; vielleicht wird der Kleine einmal ein großer Virtuose, setzt die Welt durch sein Spiel in Staunen, wird bewundert und geehrt, während ihm ein geheimer Wurm alle grünen Blätter von des Lebens Baum abnagt.

Der Wald verlor sich inzwischen immer mehr und mehr, der Weg zog sich zwischen wilden Felswänden durch, ein kleiner Fluß trug dazu bei, dem Ganzen Abwechslung zu verleihen, eine Wassermühle lag neben der andern, dort wurden große Bäume und Steine durchgesägt; an mehreren Stellen fanden wir zum Übergang über den Fluß nur ein schmales Brett ohne Geländer. Endlich kamen wir in das kleine böhmische Grenzdorf Herrnskretschen.

Alles um mich herum hatte einen völlig neuen Charakter! Das Ganze trug ein fremdartiges, eigentümliches Gepräge; noch recht lebhaft sehe ich vor mir, unter den gelbgrauen Felsen mit dem grünen Gestrüpp, die netten, rotbemalten Häuser mit ihren hölzernen Balkonen, hohen

Treppen und Staketen, ein Christus- oder Muttergottesbild über der Tür, das, wie schlecht es auch gemalt sein mochte, doch für mich dem Ganzen einen interessanten Anstrich gab. Ich sehe noch die vielen Frauen, die muntern Mädchen und Burschen, die mit bloßen Füßen an dem Ufer des Flusses standen, und die großen Stücke Holz, die auf dem Wasser dahintrieben, ans Land zogen. Ich sehe das alte braungelbe Böhmerweib am offenen Fenster, das uns in Josephs und Marias Namen grüßte. Ich sehe das wunderlich bunte Bild mit den frischen Blumenkränzen auf dem Marktplatz, wo ein alter Bauer kniend sein Gebet hersagte und ein hübsches junges Mädchen im Vorbeigehen das Zeichen des Kreuzes machte.

Es war das Bild des heiligen Nepomuk, Böhmens Schutzpatrons, das ich hier sah. Übrigens war mir ganz eigen zumute, wenn ich daran dachte, daß ich mich jetzt in einem Lande befand, wo ich für einen Ketzer galt. Die katholische Kirche in Dresden mit ihren Zeremonien und ihrer Kirchenmusik versetzte mich nicht so nahe an den päpstlichen Stuhl wie dieses Heiligenbild unter freiem Himmel und der katholische Gruß der alten Frau.

Wir gingen längs der Elbe, wo wir auf österreichische Grenzsoldaten stießen; sie sangen eine Melodie aus der »Stummen von Portici«, und die bekannten Töne bewirkten, daß ich mich der Heimat näher träumte, als ich es in der Wirklichkeit war. Drei böhmische Ruderer erwarteten uns in einer Gondel, die uns wieder nach Sachsen zurückführen sollte. Der Wind schwellte die Segel, Berge mit Waldungen erhoben sich an beiden Seiten; wir kamen an mehreren größeren Schiffen vorbei mit Balken und Planken tief aus dem Böhmerlande; wir sahen dicht am Elbufer einen großen Sandsteinbruch, der besonders für Dänen interessant ist, da die Steine zum Bau des Christiansburger Schlosses hier gebrochen sein sollen. Nicht weit von hier erhob sich über dem Wege, der längs der Elbe lag, ein Felsen, der in der Entfernung eine überraschende Ähnlichkeit mit Ludwigs XVI. Büste hatte und auch nach ihm benannt war; es fand sich da der ganze Ausdruck des Gesichts, und die große Allongeperücke hing rund um den riesenmäßigen Kopf; kam man nahe unter den Felsen, da wurde die Ähnlichkeit allerdings undeutlich, und man sah nur die wilden Felsstücke übereinander, mit grünem Gebüsch in den tiefen Klüften.

Bei Schandau stiegen wir ans Land, um denselben Abend noch in Dresden zu sein; aber wir hatten noch eine Felsenpartie zu besuchen, den bekannten Lilienstein. Senkrecht erhoben sich die stolzen Felsblöcke, wir standen schon an ihrem Fuße unter der großen Linde, die auch Friedrich II. ihren Schatten darbot. Eine Menge Fußsteige kreuzte sich; bald sanken wir in den tiefen Sand hinein, bald mußten wir beinahe senkrecht auf Stufen hinaufsteigen, die in den Felsen gehauen waren. Über einer jähen Schlucht lag eine kleine hölzerne Brücke, die Treppe wurde immer krummer, und endlich standen wir auf der obersten Spitze, wo eine große Fläche, beinahe von dem ganzen Umfange des Felsens, mit Fichten und Föhren bewachsen ist. Auf einem Felsvorsprung stand eine Säule zur Erinnerung an das Jahr 1708, als König Friedrich August, der Kurfürst von Sachsen, den Lilienstein bestieg. Welch herrliche Aussicht hat man von hier auf Schandau und die böhmischen Berge! Tief unten zwischen den von der Sonne beschienenen grünen Wiesen floß der Elbstrom, und am jenseitigen Ufer wurde das Städtchen Königstein sichtbar unter dem stolzen Felsen, auf dem die eigentliche Festung liegt. Die ganze Gegend unter diesen Bergen bleibt bekanntlich durch den glücklichen Feldzug Friedrichs II. 1756 gegen die Sachsen in Erinnerung, die hier eingeschlossen und zur Aufgabe gezwungen wurden.

Weder der Lilienstein noch der Königstein scheinen mir im übrigen, mit Abstand, sonderlich malerisch schön für das Auge zu sein, beide sind sie mir allzu kantenlos. Wie zwei ungeheure Torten erheben sich beide, die Wälder oben sind die Sukkade und die Gebäude mit ihren roten Dächern die Verzierungen auf dem Kuchen. Unser Führer erzählte uns, daß es tief im Lilienstein nicht mit rechten Dingen zugehe, hier liege ein unermeßlicher Schatz, den die bösen Geister bewachen. Oft sähen Schiffer, die in der mondklaren Nacht die Elbe hinuntersegelten, hier oben Fackeln sich bewegen, und der einsame Wanderer, dessen Weg nächtens hier vorbeiführt, höre ein tiefes Dröhnen aus dem Berg. Das seien die Geister, die mit den ungeheuren Reichtümern sich vergnügten.

Ein kleiner Pfad längs der Elbe führte uns unter hohen Felswänden nach Pirna. Wir kamen an der Bastei vorbei; die Reisenden dort oben schienen uns schwarze, bewegliche Punkte auf der himmelhohen Felsspitze zu sein. An mehreren Steinbrüchen waren Holztafeln angebracht, auf denen eine Warnung stand, daß niemand sich länger als notwendig dort aufhalten dürfe, da sich häufig Steinblöcke lösten und herabstürzten; wir sahen mehrere Felsstücke im Tal herumliegen. Bald kamen wir zu freundlichen Bauernhäusern mit großen Küchen- und Hopfengärten, die Kirschen waren reif und hingen rot und saftig hinter grünen Blättern. Das freundliche Pirna zeigte sich mit seinen roten Dächern am anderen Flußufer, und die Sonne warf ihre letzten Strahlen auf das hohe Bergschloß Sonnenstein, das sich nahe bei der Stadt erhebt. In einer großen Fähre wurden wir über die Elbe gesetzt und traten nun in die hübsche, freundliche Stadt ein; sie soll ungefähr 5000 Einwohner haben und sah auch recht ansehnlich aus. Die große gotische Hauptkirche erhob sich stolz mit ihren alten Glasmalereien in den spitzen Fenstern; Spaliere mit herrlichen, vollen Moosrosen zogen sich an den Wänden vieler Häuser hoch.

Eine lange Treppe führte hoch zu dem Absatz vor Schloß Sonnenstein, von dort kann man über den großen Elbfluß bis nach Dresden sehen. Aus fast ganz Deutschland werden Wahnsinnige in die Irrenanstalt Sonnenstein geschickt, wo sie die beste Pflege bekommen und häufig auch wieder genesen.

Ein ganz eigenes Gefühl muß jeden bei einem Besuch innerhalb dieser Mauern ergreifen, die eine Welt für sich einschließen, eine Welt, die aus ihrer natürlichen Bahn herausgerissen ist und wo daher der lebensgrüne Keim zu einem geistigen Mißgeschöpf zusammenschrumpft oder sich entwickelt. Die Phantasie, dieser beste Cherub des Lebens, der uns ein Eden in den Sand der Wüste zaubert, der uns in seinen starken Armen über den tiefsten Abgrund weg und über die höchsten Berge in Gottes herrlichen Himmel hebt, ist hier eine fürchterliche Chimäre, deren Medusenhaupt den Gedanken der Vernunft versteinert und einen magischen Kreis um das unglückliche Opfer zieht, das nun für die Welt verloren ist.

Siehst du das kleine viereckige Gemach mit dem hoch angebrachten, vergitterten Fenster? Auf Stroh, mitten auf dem Fußboden, sitzt der nackte Mann mit dem schwarzen Bart und mit einem Strohkranz auf dem Kopf, der seine Krone ist; eine vertrocknete Distel, die er im Stroh fand, ist sein Zepter. Er schlägt nach den Fliegen, die um ihn herumschwirren; denn er ist König, ist Despot, die Fliegen sind seine Untertanen, sie haben eine Revolution gemacht, sagt er, sie verlangen seinen Kopf, sie sind hineingedrungen in denselben, er begreift selbst nicht wie; aber er fühlt, wie sie drinnen stürmen und ihn ihm doch nicht von den Schultern reißen können.

Hier nähert sich uns ein Frauenzimmer, sie ist schön gewesen, aber der Schmerz hat ihre Züge entstellt. »Ich bin Tassos Leonore; Heine hat mich auch besungen! Ach ja, viele Dichter haben mich besungen, und das kann einem weiblichen Herzen recht schmeicheln! Das ist ein Triumph! Aber da war einer, der konnte mich nicht besingen, und darum schoß er sich ins Herz – das war denn auch ebensogut wie ein Lied! – Nun ist die ganze Welt aus Liebe zu mir verrückt geworden, und daher hat man mich auf dieses fremde Schloß gebracht; aber hier sind sie auch alle von meinem Anblick verrückt geworden, allein dafür kann ich ja nicht!«

An dem geöffneten Fenster sitzt ein blasser junger Mann; er stützt den Kopf auf seinen Arm und sieht hinaus nach dem roten Abendhimmel und nach den Schiffen, die mit ausgespannten Segeln die Elbe hinabsteuern. Es stört ihn nicht in seinen Betrachtungen, daß wir uns nähern, er hält seine ganze Existenz für einen Traum, er erinnert sich an eine bessere Zeit, die er erlebte, und betrachtet nun uns und die ganze Natur nur wie Traumbilder.

Einer hat die fixe Idee, die Pulsschläge eines jeden schlagenden Herzens hören zu können, sie im Tode brechen hören zu können – sie brechen in ihm in den wildesten Tönen, so daß er rasend wird. Man bindet ihn auf einen Stuhl, der durch Räder in ein wirbelndes Drehen versetzt wird. Mit einem wilden Schrei saust er herum, bis er das Bewußtsein verliert und man dann das Drehen einstellt.

Doch fort mit diesen schrecklichen Bildern! Der Wagen wartet schon, der uns in ein paar Stunden nach Dresden bringt.

Nahe der Stadt, an einem Sumpf, sah ich zum ersten Mal in meinem Leben ein Irrlicht; es hüpfte lustig in einer weißblauen Flamme über den Boden. Alles war gänzlich dunkel, als wir in die Stadt rollten.

Nur drei Tage hatte ich hier noch zu verweilen, und es war noch so mancherlei zu sehen, ich wollte so vieles noch einmal besuchen. Wie Wolken in einer stürmischen Nacht jagen die Bilder dieser Tage vor meiner Seele vorüber; jede Stunde brachte mir etwas Interessantes. Ich war in der Bildergalerie, sah noch einmal die Werke der großen Meister und prägte mir die herrlichen Bilder in die Seele ein, hörte die Messe in der katholischen Kirche und bestieg noch zum Abschied die Berge im Plauenschen Grunde, einer romantischen Gegend dicht bei Dresden, die mich an Rübeland erinnerte, obgleich sie viel reicher an Abwechslung ist als diese Harzpartie. Der Weg lief zwischen den steilen Felsen durch, da war ein Bach, der einen Wasserfall bildete, und dicht daran lag eine Mühle, Köhler fuhren in den Wald, und oben auf einem Felsvorsprung saß ein kleiner Junge und hütete Ziegen; es war nicht ein einziges Gemälde in der ganzen Dresdener Galerie, auf dem die Figuren besser angebracht sein konnten als hier. Eine wohltuende Ruhe lag über der ganzen Landschaft; es war, als ob Felder, Wälder und Blumen von einem südlicheren Himmel träumten, während der Bach über Steine hinrieselte und der ganzen Natur ein mächtig einschläferndes Wiegenlied sang. Dresden selbst lag so freundlich zwischen den grünen Weinbergen; die ganze Landschaft war ein Bild von kindlichem Frieden, von romantischen Träumen eines unschuldigen Herzens. Viele ziehen Tharandt dem Plauenschen Grunde vor, andere diesem Tharandt; ich weiß nicht, zu welcher Partei ich mich schlagen soll, beide hatten für mich etwas Eigentümliches, etwas, dessen Wirkung war, daß man sich hier so recht wohl befand. Die Beleuchtung einer Gegend und die Beleuchtung in unserer eigenen Seele, in der wir dieselbe betrachten, machen unendlich viel aus. Der Plauensche Grund mit seinem krummen Wege zwischen den Felsen, auf dem Leben und Treiben ist, kommt mir lebendiger vor und hat mehr einen männlichen Charakter, wogegen Tharandt mit seiner Ruine, seinem spiegelklaren See und seiner tiefen Einsamkeit mehr etwas Passives und Weibliches hat.

Ich mußte hier recht lebhaft an den alten Schulmeister denken und mit ihm sagen: »Hier ist ein schöner Platz, von dieser Herrlichkeit könnten doch viele Menschen zehren!« Aber wie gering ist doch die Zahl derjenigen, die alles das Prächtige zu sehen bekommen, womit Gott unsere Erde geschmückt hat! Im Grunde ist der Unterschied zwischen dem Menschen und dem Hunde, der an sein Hundehaus gekettet nur ein paar Sprünge auf seinem gewöhnlichen Tummelplatz machen kann, doch nur klein.

Noch hatte ich nicht die Bibliothek und die Antikensammlung gesehen; der Oberbibliothekar Hofrat Ebert, ein herzlicher Mann, den unser Molbech mir empfohlen hatte, erwies sich als ausgesprochen zuvorkommend. Alles war schmuck und hell, die Böden in den großen Sälen poliert wie Spiegel, und durch die Fenster – ja, hier vergaß ich wirklich die ganze gelehrte Welt um mich herum! Welch Panorama da draußen! Berge mit hellgrünen Weinranken und dahinter die schwarzen Nadelwälder; die Elbe, die sich in großen Windungen schlängelte, auf der die Boote mit ihren weißen Segeln fuhren, wo die großen Holzflöße den Strom hinunterglitten; nur ein paar Burschen mit bloßen Füßen, kurzen weißen Beinkleidern, offenen Hemden und einem weißen Strohhut auf dem Kopf steuerten die ganze Brettermenge. Es ist unmöglich, die Aufmerksamkeit auf Bücher lenken zu wollen, wenn man draußen diese Natur im klaren Sonnenschein sieht.

Daß Dresden, als Übergangspunkt vom südlichen zum nördlichen Deutschland, auch diesen Charakter zeigen kann, davon bekam ich doch noch einen Begriff an dem letzten Vormittag, den ich dort zubrachte. Es war so kalt, daß mich fror. Der Regen fiel in Strömen, und alles bekam ein finsteres, nordisches Aussehen; Träger liefen durch die Straßen mit Portechaisen, aus denen Damen durch die roten Vorhänge herausschauten. Die Elbe sah aus wie Kaffee, gelb und dick. Beinahe kein Mensch ließ sich auf den Straßen sehen.

Der Regen rauscht, grau ist des Himmels Bogen
Und dicht verhüllt die fernen Berge stehn,
Die Elbe kommt vom Böhmerland gezogen,
Doch ihre Fluten gelb und trübe sehn.
Dort auf der Brücke, vor dem Schilderhause,
Steht ein Soldat, im Mantel eingehüllt,
Ihn kümmert's wenig, wie der Sturmwind brause,
Er malet sich der Heimat schönes Bild.
Dort scheint die Sonne wärmer auf ihn nieder,
Dort folgt er der Geliebten Spur!
Er denkt an sie – denkt sie an ihn auch wieder?
Sie ist ein Weib – ein Weib ja nur!

Die Treu' ist wie ein Fluß, der unstet irrt,
Leicht, wie die Elbe, gelb und trübe wird!

Später am Tage wurde es wieder sonnenklar und sonnenwarm; auf der Brühlschen Terrasse wogte wieder die dichte Menschenmasse, und vom Regen aufgefrischt dufteten die Bäume. Hier oben brauste Musik, während Gondeln, Boote und Schiffe auf der Elbe kreuzten. Dahl hatte an diesem Abend eine kleine Gesellschaft von Norwegern und Dänen bei sich versammelt; er war ein munterer, liebenswürdiger Wirt; wir sprachen alle dänisch und träumten uns zurück in die Heimat an unser herrliches Meer. Wir trennten uns erst spät, am nächsten Tage zogen einige nach Osten, andere nach Westen, zwei gingen nach Rom und Neapel, ich – triste dictu – nach Berlin.

Jetzt begrüßte mich der letzte Morgen in Dresden. Ich mußte hinaus, um noch einmal die herrlichen Töne unter dem Kirchengewölbe brausen zu hören, um noch einmal die grünen Weinberge in Morgenbeleuchtung zu sehen.

Der Tag war so schön, die ganze Elbgegend lag in dem prächtigsten Sonnenlicht; es kam mir vor, als ob alles Sonntagskleider angetan hätte, um mir Lebewohl zu sagen; aber dadurch wurde mir der Abschied um so schwerer. In der katholischen Kirche wurde keine feierliche Messe gelesen, nur die Orgel spielte ihre einfachen Melodien; aber es war ja das Abschiedslied, vielleicht die letzten tiefen Töne, die ich hier in meinem ganzen Leben zu hören bekommen sollte. In einem der Beichtstühle sah ich einen alten Priester mit einem ehrwürdigen Gesicht, ein junges Mädchen kniete auf der andern Seite des Gitters und beichtete. Ich wünschte mir ebenfalls einen Freund, einen Vater, vor dem ich so recht die Gefühle ausschütten könnte, die beim Abschied von der lieben fremden Stadt, welche dem Herzen nicht länger fremd war, so mächtig in meinem Herzen brausten.

Wenn ich mich auch nicht schäme, dem Papier etwas anzuvertrauen, dessen Blätter doch wie das Midas-Schilf sind, das es wieder vor der Welt ausplaudert, so kann ich es doch vor den Menschen verbergen, wenn ich sie treffe; als ich jünger war, wurde ich wegen meiner natürlichen Gefühlsamkeit sehr verspottet, doch es war nicht Gefühlsduselei, daß ich Schlagball mit meinem eigenen Herzen und den besten Gefühlen spielte, um nicht bei anderen, vernünftigen Menschen als sentimentaler Narr zu gelten; der gleiche eisige Schreck überfällt mich noch heute, wenn mein Herz zu sich selbst findet, und oft ziehe ich ein komisches Gesicht, damit man nicht sieht, daß ich weine. So schämte ich mich auch hier, als ich kam, um Dahl Lebewohl zu sagen, denn er sollte nicht merken, wie innig betrübt ich war. Ich lachte und scherzte, bis ich an die frische Luft kam, da blies mir der Wind Sand in die Augen, so daß sie sich mit Wasser füllten. Dahl gab mir beim Abschied einige Zeichnungen zum Andenken und eine Skizze in Ölfarbe, damit ich doch sagen könnte, daß ich etwas besäße, was er gemalt hätte; das ganze Stück war nicht größer, als daß ich es in der flachen Hand verbergen konnte. »Im nächsten Sommer sehe ich jedenfalls Dänemark und alle Freunde und Bekannte«, sagte er und drückte mir die Hand zum Abschied. »Das ist auf dänisch, und dieses«, fügte er hinzu, indem er mich auf die Wange küßte, »ist auf deutsch! Wir werden uns gewiß noch öfter in dieser Welt wiedersehen.«

In meiner jetzigen Stimmung konnte ich Tieck nicht Lebewohl sagen, ich mußte in Gottes freier Luft umherlaufen, bis sich die bunten Weltenbilder um mich herum wieder in Herz und Gedanken zu spiegeln begannen; es ist wie das Meer, wenn es stürmt, dann kann sich kein Stern darin spiegeln, aber sieht man erst die grüne Küste, und das rotgedeckte Haus des Alltags zeigt sich in der Ferne, wird es wieder ruhig.

Tieck empfing mich in seinem Arbeitszimmer und sah mir so recht herzlich mit seinen großen, klugen Augen ins Gesicht; ich nahm mich zusammen, als ich die eben erst gedämpfte Wehmut doppelt stark zurückkehren fühlte. Er schien viel Güte für mich zu haben, lobte diejenigen von meinen Sachen, die er kannte, und schrieb mir, da ich kein Stammbuch bei mir führte, folgende Worte zum Andenken auf ein Blättchen Papier:

Gedenken Sie auch in der Ferne meiner; wandeln Sie wohlgemut und heiter auf dem Wege der Poesie fort, den Sie so schön und mutig betreten haben. Verlieren Sie nicht den Mut, wenn nüchterne Kritik Sie ärgern will. Grüßen Sie den teuren Ingemann und alle Befreundeten, und kehren Sie uns bald einmal frisch, gesund und reichbegabt von den Musen nach Deutschland zurück.

Dresden, 10. Juni 1831.

Ihr wahrer Freund Ludwig Tieck.

Ich sagte ihm Lebewohl. Kein Fremder war dabei, und daher durfte ich wohl weinen; er drückte mich an sein Herz, weissagte mir eine glückliche Zukunft als Dichter und – dachte gewiß, daß ich ein viel besserer Mensch sei, als ich wirklich bin. Sein Kuß glühte auf meiner Stirn, ich weiß nicht recht, was ich fühlte, aber ich liebte alle Menschen; möchte ich doch einmal als Dichter der Welt etwas schenken können, wodurch ich dem großen Dichter zeigen könnte, daß er sich in dem Fremden nicht getäuscht!

Es war sechs Uhr abends, als ich mit der Schnellpost aus Dresden fuhr; nun sah ich zum letzten Mal die katholische Kirche und die Brühlsche Terrasse im Vorüberfahren. Von der Augustusbrücke suchte mein Auge noch einmal Dahls Haus über der Elbe, ich glaubte ihn am Fenster stehen zu sehen.

Bald lag auch die Neustadt hinter uns, Felder und Wiesen erstreckten sich zu beiden Seiten des Weges; wir waren neun im Wagen, und in diesem Kegelspiel saß ich wie der Neuner-König in der Mitte; »Gott weiß«, dachte ich, »wen von uns der Tod zuerst umwirft! Er wird uns doch nicht alle auf einmal treffen; aber vielleicht die Eckkegel.«

In der einen Ecke saß ein junger russischer Woiwode; er kam von Paris, ging über Dresden und Berlin nach Bremen und wollte von da nach Italien; er schien kein Freund der kürzesten Wege zu sein! In der anderen Ecke saß ein Engländer, der in Dänemark gewesen war und es sehr lobte, er meinte, um die erste Perle in Europas Krone zu sein, fehle es an nichts, außer daß es nicht englisch sei; ich dankte ihm nicht für dieses Kompliment. In der dritten saß ein reisender Schauspieler, woher, das weiß ich nicht, und in der vierten ein junger Wollhändler mit seiner noch jüngeren Frau. Sie kamen aus der Rheingegend und wollten sich nun in Berlin niederlassen, sie hatten erst vor vierzehn Tagen Hochzeit gehalten, und daher küßten sie einander unaufhörlich, spielten gegenseitig mit ihren Händen und zitierten »Don Carlos«. Ansonsten waren es gute Leute, die mich mit Wein und Karbonade traktierten. Sie hatten ihre schon etwas ältere Großmutter dabei, die direkt hinter mir saß, so daß ich ihr Jammern hörte, als die Gegend flach zu werden begann; sie war nämlich noch nie auf die Idee gekommen, die Jeppe Berg und sein Nachbar hatten: Daß die Erde flach ist, begann ihr erst hier zu dämmern, auf ihrer ersten Reise nach Berlin. Ich selbst saß zwischen einem Priester und — fast hätte ich gesagt, einer Priesterin. Ich glaube bestimmt, es waren »Der Gott und die Bajadere«!

Es mangelte hier also nicht an Gesellschaft, die Gegend war auch schöner als die Lüneburger Heide; aber kein Charakter entwickelte sich richtig, keine Elfen spielten hier im Traum, und der Berliner Schirokko blies mir allzu viel Prosa in die Seele, so daß mein ganzes Dasein auf dieser Nacht- und Tagesreise genau so wurde wie das anderer Vegetations-Menschen, ein beständiger Wellengang aus Schlaf und Wachsein. Das Ganze erschien mir wie ein Traum, in dem die acht Kegel, das heißt die Passagiere, wie menschliche Figuren ohne Bedeutung stehen; Stadt folgte auf Stadt, während die ganze Gegend nach und nach von einer vollen, von Gesundheit strotzenden Natur zur personifizierten Schwindsucht überging. Nur einzelne Bilder traten hervor aus diesem Traumchaos. So sah ich eine flache Gegend in der dämmernden Sommernacht, in der eine kleine Stadt lag, die man Großenhain nannte; dort gab es eine Kirche, an der alle Fenster und Türen vermauert waren. Das Ganze bildete ein hohles Steingewölbe, in das niemand eindringen konnte, und man erzählte, daß dies zur Zeit der Pest geschehen sei; man hatte die Kranken hierhergebracht, und als der letzte seine Augen schloß, schloß man die ganze Kirche, die man nachher nicht wieder zu öffnen wagte.

Ich sehe noch deutlich in Jüterbog die dicke Wirtin mit dem bedeutungsvollen Lächeln über meine Unwissenheit, als ich auf eine in Stein gehauene Ritterfigur zeigte, die an dem alten Rathaus angebracht war. Jedes Kind kennt doch den »Alten Mauritius«, meinte sie. Ich war wahrscheinlich der erste, der diese wunderliche Frage an sie gerichtet hatte.

Ich sehe die weltberühmte Mühle bei Sanssouci, die ihre großen Flügel so langsam drehte, als könne sie aus lauter Stolz über ihre Berühmtheit nicht mehr herumkommen wie die andern bürgerlichen Mühlen; aber mein Auge sah hier doch wieder etwas Grün, es gab hier sogar einen See, und auf der Havel schaukelten leichte Boote mit weißen Segeln. Sanssouci erhob sich auf seinen Terrassen und sah auf das steife Potsdam; das sah so militärisch aus, so kerzengerade. Ich sehe das große Schloß mit der langen Kolonnade, eine Reihe von Pfeilern mit vielen Gruppen und Statuen, und lebendige Soldaten, die auch wie Statuen aussahen, in ordentlicher Formation vor unserem Herrn und Schöpfer und nicht weniger wohldressiert von ihrem Korporal.

Potsdam gibt wirklich einen recht guten Vorgeschmack auf Berlin, nur hat Berlin kaum einen grünen Halm vor seinen Toren, sieht man von dem ab, was auf Kommando zu wachsen hat; aber mit der Stadt selbst ist es ganz genauso.

Es war schon gegen Abend, als wir in die Straßen Berlins hineinfuhren, die mit ihrer ganzen Unendlichkeit vor und neben uns lagen. Alles sah so vornehm aus! Berlin imponierte mir durch seine Größe, alles war Reichtum und Pracht, alle Menschen kamen mir so geputzt vor.

»Es ist doch nicht Sonntag heute?« fragte ich. Nein, im Kalender stand Sonnabend, aber Berlin sieht stets so aus, als ob es Sonntagnachmittag sein müßte.

Wo sollte ich hier meine Wohnung aufschlagen? Da schwebten mir der alte König und »Drei Tage aus dem Leben eines Spielers« vor, die wir alle aus dem Kapitel über Braunschweig kennen. Louis Angely, Übersetzer der »Drei Tage aus dem Leben eines Spielers« und Verfasser von vielen Vaudevilles, besitzt in Berlin eins der ersten Hotels: »Der Kaiser von Rußland«; wie konnte ich also in meiner Wahl noch länger schwanken? Hier wollte ich, hier mußte ich einkehren.

XIII.

Berlin. Adelbert von Chamisso. Die Theater. Der Tiergarten. Die Bildergalerie. Die Reisegesellschaft. Drei Tage aus dem Leben eines Spitzbuben. Der Vogel. Ende der Reise.

Schnurgrade Straßen, Palast an Palast,
Man wird müde vom Gehn
Und von der Hast,
Hübsche Soldaten – und gleich bei dem ersten
Spürte ich einen Stich im Herzen,
Und mir entfuhr's: »Was für ein Körper, welche Bein'!
Oh, mein Gott, so stattlich und fein!«
Unter den Linden, dort trifft man sich,
(Am schönsten jedoch ist's als Kupferstich):
Die Straßen voll Staub, dazu die Blagen,
Ach, für die Augen sind das schon Plagen!
Den echten Berliner Witz man hier finden soll,
Doch der ist recht selten, das glaube wohl.
Besonders wenn er per Schnellpost reist,
ist er, weil zu schwer, ziemlich teuer meist.
Das »R« wird gerollt, man sagt »mein Jott«,
Auch sonst sind die Leute hier ziemlich flott.
Die Stadt – egal, wie man's auch richt',
Ist einfach zu groß für ein Gedicht.

Moral

Merk Dir: die Moral nur hauchdünn erschien,
Die man bekommt aus dem großen Berlin!

Das ist das Resultat meines Geflatters am ersten Tag in Preußens Hauptstadt, und wenn es nicht poetisch genug ist, dann darf ich daran erinnern, daß es sich um ein echtes Berliner Kind handelt, geboren mitten im Sand! Ich kann nichts dafür, aber die Wahrheit ist, Berlin gefiel mir überhaupt nicht! Alles ist darauf angelegt, zu beeindrucken, doch die Häuser sind nicht hoch, nur langgezogen, damit die Straßen um so länger erscheinen, sie kamen mir vor wie Theaterdekorationen. Man sagte auch, daß sich die Stadt am besten im Winter ausnähme, also bei Licht, das ist wohl angemessen! Wenn man aus den Bergen kommt und diese Riesenbauten der Natur gesehen hat, dann wird doch diese ganze Größe hier so klein, die hübschen Formen gefallen wohl dem Auge, aber das Ganze steht doch so hohl da! Und ich kann mir nicht einmal die Formen ansehen – *venia verbo!* –, zunächst jedenfalls nicht.

Die Soldaten waren wie gegossen; sie hatten einen gewissen Anstand und sahen unseren Offizieren ziemlich ähnlich, nur waren sie ein wenig größer als die meisten von denen.

Mit einem Empfehlungsschreiben unseres Ørsted versehen, besuchte ich den Dichter Adelbert von Chamisso. Er ist bekanntlich ein geborener Franzose, war Offizier, machte dann als Naturforscher eine Reise um die Welt und ist nun in Berlin bei dem botanischen Garten angestellt. Ich war sehr begierig, den Verfasser von »Peter Schlemihls wundersamer Geschichte« kennenzulernen; ich trat ein, und – Peter Schlemihl selbst stand leibhaftig vor mir, wenigstens ganz dieselbe Figur, die man auf dem Kupferstich im Buch findet. Eine hohe, magere Gestalt, mit langen, grauen, über die Schultern herabhängenden Lokken und einem offenen, gutmütigen Gesicht; er hatte einen braunen Schlafrock an, und eine Menge rotwangiger Kinder spielte um ihn herum. Mit der innigsten Herzlichkeit bot er mir Willkommen, und nun hatte ich einen Bekannten in der fremden Stadt.

Am Abend gab man im Opernhaus Webers »Oberon«; ich freute mich sehr darauf, und obgleich ich einen Sperrsitz hatte, war ich doch einer der ersten im Saale. Ich sollte ja hier erst so recht eine Idee von einer Oper bekommen, sollte hier die Dekorationsmalerei wie eine Kunst für sich behandelt sehen und außerdem, was eine Maschinerie sein kann. Nach der Ouvertüre rief man *da capo*, der Vorhang wurde aufgezogen, und während sie aufs neue gespielt wurde, hatte man Gelegenheit, die prachtvolle Dekoration und die geschmackvolle Gruppierung zu betrachten. Oberon lag hier nicht wie bei uns in einem soliden Bett; nein, die ganze luftige Halle war mit Lilien bewachsen, und in einer derselben lag er in dem schaukelnden Kelch, und ringsum in den andern Lilien standen lächelnde Genien, während die erwachseneren in leichten, lustigen Tänzen umherschwebten. So war jede Dekoration ein Kunstwerk, ebenso wie das Arrangement des Ganzen; aber die Maschinerie – *mirabile dictu* –, die Maschinerie war im Verhältnis zu den Mitteln schlecht. Ich nenne es schlecht, wenn die Wolken auf halbem Wege hängenbleiben, so daß die Genien sie in Ordnung bringen müssen, und daß man in der im übrigen herrlichen Meeresdekoration des zweiten Aktes, wo der Himmel täuschend echt war, oberhalb der Himmelsvorhänge direkt zum Schnürboden hinaufsehen konnte, wenn man in der zweiten Reihe, also mitten im Parkett, saß. Die ganze Himmelsbeleuchtung aber war herrlich, man sah die Sterne nach und nach heraustreten, und wäre nur der Boden nicht zu sehen gewesen, man hätte es sich nicht schöner denken können! Die Dekorationswechsel klappten auch nicht so recht, und im Meer von Astrachan sah man einen Maschinisten über die Wasserfläche laufen, was mich sehr frappierte, obgleich ich dies Experiment schon von daheim kannte. Man sagte mir übrigens, daß es noch nie so unglücklich gegangen sei wie an diesem Abend, die Maschinerie hier wäre ein wahres Kunstwerk – es war also ein Unglück an diesem Abend, aber ich kam doch nicht umhin, es zu erwähnen; dergleichen kann also auch hier an Berlins großem Theater geschehen, wo die Mittel so gewaltig sind. Was sollen wir da von unserem kleinen sagen, das fast keine hat. Eine Madame Walker, geborene Gehse, erste Sängerin vom Hoftheater in Dresden, spielte die Rezia. Ihr Spiel – nun ja, ich wage nicht als Kritiker vorzutreten, aber bei den meisten Sängerinnen kann man, wenn es ums Spielen geht, durchaus ein Fragezeichen setzen. Auch verbeugte sie sich, wie in Deutschland üblich, jedesmal, wenn geklatscht wurde, und als sie am Ende des Stückes auf die Bühne gerufen wurde, war sie gerührt – und das war sehr natürlich, denn mit dem Spielen gab sie sich eigentlich gar nicht ab. Sie sagte uns einige Worte über ihre Dankbarkeit und daß sie bald wiederkommen werde; ihr Gesang war jedoch vortrefflich. Herr Bader spielte und sang die Partie des Hüon; er ist ein hübscher Mann, bei dem ich sowohl den Sänger als den Schauspieler fand. Ein *pas de deux* von Herrn und Madame Taglioni und eins von Mademoiselle St. Romain und Herrn Stuhlmüller hatten, wie es bei uns zu Hause heißt: stürmischen Erfolg, und sie verdienten gewiß diesen Beifall.

Mit Rücksicht auf die Maschinerie ging es übrigens glücklicher im Königstädtischen Theater, in welchem ich einige Abende später »ein großes romantisches Zauberspiel von Adolph Bäuerle, mit neuen Dekorationen und neuer Maschinerie« mit dem Titel »Lindane oder Der Pantoffelmacher im Feenreich« sah. Es war ein wahrer Mischmasch aus nichts, eine mit netten Melodien gefärbte Wassersuppe, ausstaffiert mit Dekorationen als Klößchen und Grünzeug. Ich glaube beinahe, daß ich etwas Ähnliches schon einmal geträumt habe, wenigstens war hier der Zusammenhang so lose, wie er gewöhnlich in Träumen ist. Unter den Liedern zeichneten sich ein Heulduett und ein Spinnlied aus sowie ein großes Potpourri von wenigstens vierzig verschiedenen Melodien aus dem »Freischütz«, der »Stummen«, dem »Don Giovanni« und vielen anderen, das von Mademoiselle Vio, einer ausgezeichneten Person für die Bühne, vorgetragen wurde. Übrigens sah ich hier die bekannten Komiker Schmelka und Spitzeder, von denen der letztere den Pantoffelmacher gab. Dieser ist ein ehrlicher Bürgersmann, der an seinem Hochzeitstage einen Brief bekommt, daß sein Vetter im Sterben liege und daß er unverzüglich zu ihm kommen müsse. Aber dann, wie er durch einen Wald kommt, wo er nach Krähwinkler Manier einen Wegweiser aus Holz mit sich führt, wird er von einer Fee aufgegriffen, die ihn so liebgewinnt, daß sie ihm zuletzt ihren Zauberstab gibt, wodurch denn der Zuschauer verschiedene Dekorationen und Bühnenbilder zu sehen bekommt, vom Tivoli bis zu einem Dampfwagen, der mit Passagieren durch die Luft segelt, und einer ganzen Zelt-Dekoration, die aus einem Becher herausspringt.

In dem dritten Berliner Theater, dem eigentlichen sogenannten Schauspielhaus, sah ich den älteren Devrient als Onkel Brand in einem Lustspiel gleichen Namens nach dem Französischen; er gab diesen Charakter, diesen Brausekopf, mit vortrefflichem Herzen, mit der größten Natur und Wahrheit. Sein Äußeres, sein Spiel und sein ganzes Kostüm machten einen so lebendigen Eindruck auf mich, daß es mir noch immer so vorkommt, als hätte ich mit dem guten Herrn Brand lange gelebt und im wirklichen Leben in näherer Verbindung mit ihm gestanden. Ich kann mir Devrient in keiner andern Rolle denken, ohne daß sein Onkel Brand durchschimmert; und doch ist dies nicht der Fall, er soll im Gegenteil seine Charaktere sehr verschieden anlegen. Shylock in Shakespeares »Kaufmann von Venedig« nennt man als seine bedeutendste Rolle.

Es ist sehr angenehm in einer großen Stadt, daß man zwischen mehreren Theatern wählen kann; aber wenn an demselben Abend in allen gute Stücke gegeben werden, da kann man auch in Streit mit sich selbst geraten, denn man kann doch nicht in mehr als höchstens zwei gehen. Dies fühlte ich so recht an einem Abend hier; die französische Truppe gab im Schauspielhaus drei Vaudevilles von Scribe: 1. *»La dévote«*, 2. *»La famille Riquebourg«* und 3. *»Les premières amours«*, im »Charlottenburg« wurden das Lustspiel »Der Fächer« und eine Posse »Der Nasenstüber« gegeben, im Königstädtischen Theater »Das Mädchen aus der Feenwelt oder Der Bauer als Millionär« und in der Oper das berühmte Ballett »Die neue Amazone«. Dazu kam noch, daß Chamisso mich in den Tiergarten eingeladen hatte, wo er mich bei den Schöngeistern Berlins einführen wollte; ich stand wirklich wie Herkules am Scheidewege und – – folgte Chamisso. Im Tiergarten fand ich im übrigen gar keine wilden Tiere, es waren alles zahme Berliner, sehr gutmütige und freundliche Menschen. Man hatte ein kleines Fest veranstaltet zur Feier der Rückkehr des Dichters Holtei aus Darmstadt, wo er Vorlesungen gehalten und

Ansicht aus dem Berliner Tiergarten

seine Frau, die bei der Königstädtischen Bühne engagiert war, Gastrollen gegeben hatte.

La Motte Fouqué, Raupach, Clauren und Streckfuss waren alle auf Reisen, sonst hätte ich hier ihre Bekanntschaft machen können, es waren aber noch viele andere da, über deren Bekanntschaft ich mich sehr freute. Ich bekam meinen Platz zwischen Chamisso und Simrock, einem jungen Dichter, der viel Aufmerksamkeit auf sich gezogen hatte durch ein politisches Gedicht »Drei Tage und drei Farben«. Er war deswegen aus seinem Amt entlassen worden, genoß aber allgemeine Achtung und hoffte, wieder angestellt zu werden. Hier traf ich auch den Freund des Dichters Hoffmann, den bekannten Hitzig, und machte die Bekanntschaft von Wilibald Alexis (Häring), der mit viel Herzlichkeit von Dänemark sprach und von den frohen Stunden, die er bei Oehlenschläger zugebracht hat. Es ist ein ganz eigenes Gefühl, in einem fremden Lande sein Vaterland loben zu hören, da fühlt man erst recht, daß man Bein von dessen Beinen, Fleisch von dessen Fleisch ist, so daß jedes Lob, jeder Tadel, die dasselbe treffen, auch uns mitzutreffen scheinen, obgleich wir doch nur ein kleiner Teil davon sind; aber hier geht es wohl wie immer, man legt das Vaterland in die eine Waagschale und sich selbst in die andere.

Der Abend verging hier mit Lesungen, Gesang und Heiterkeit; hätte ich hier Sankt Peters Brille gehabt oder Tyß' mikroskopisches Glas, mit dem man in die Leute hineinsehen und ihre Gedanken ergründen kann, dann würde dieses Berliner Kapitel aus diesem Kreise der καλοι και Αγατοί wohl das interessanteste der ganzen Reise geworden sein; da würden wir gesehen haben, wie in dem einen Kopf ein ganzer Liebesroman, in dem andern ein ganzer

Band hübscher kleiner Gedichte, hier Politik, dort Polemik herumspukten, und dort gar – – – ja, es mag hier wohl auch ein Kopf darunter gewesen sein, in dem gar nichts war.

Es gab hier übrigens vieles, das mich ganz zurück nach Dänemark brachte, insbesondere die innerliche Liebe, mit der sie über ihre Könige sprachen, auf ihr Wohl tranken wir zuerst.

Erst spät am Abend trennten wir uns. Die Nacht brachte Schlaf und Ruhe und der nächste Tag neue Dinge, die ich noch nicht gesehen hatte.

Das Museum steht nur an gewissen Wochentagen offen, Fremden wird jedoch der Eintritt zu jeder Zeit gestattet, wenn sie nur bei dem Kastellan ihren Paß vorzeigen. Das Gebäude ist imponierend für das Auge, eine hohe Treppe nimmt fast die ganze Länge der Fassade ein; schöne Säulen und Bogen erheben sich, man tritt in eine Rotunde, die mit antiken Statuen und Büsten geziert ist; dann öffnet sich eine Reihe von Räumen mit diesen herrlichen Erinnerungen des Altertums. Geschmack und Eleganz zeichnen das Ganze aus. Eine Treppe höher betritt man die große Bildergalerie, die in ihrer königlichen Pracht zwar die von Dresden und Kopenhagen übertrifft, sich aber in ihren Inhalten gleichwohl mit beiden nicht messen kann.

Die Böden waren gebohnert, und an den Türen standen Diener in neuen, silberbetreßten Livrees; im übrigen findet man hier Gemälde von den ersten Meistern, nur fiel mir die Menge von widerwärtigen Ideen auf, die man hier ausgeführt fand. So drei zusammenhängende Stücke von Hieronymus Bosch, die die Schöpfung, das Jüngste Gericht und die Hölle darstellen, wo namentlich das Jüngste Gericht so widerliche Bilder zeigt, daß ich auf ihre Abscheulichkeit nicht eingehen mag. Ich fand mehr als einen

Christuskopf von Hugo van der Goes, der gewiß als ein Meisterstück gelten konnte, gerade aus der Natur gegriffen, aber hier bis zum Ekelhaften getreu ausgeführt. Die Dornenkrone war dem Erlöser tief in den Kopf hineingedrückt, so daß große Blutstropfen herausquollen; jede Ader war aufgeschwollen, die Lippen selbst schwarzblau, und schwere Schweißtropfen standen, widerwärtig natürlich, auf dem ganzen Gesicht. Es hatte für mich etwas Empörendes. Der Maler sollte das Poetische im Schmerz ausdrücken, nicht das Prosaisch-Häßliche! – Ich kann die häßlichen Bilder nicht vergessen, sie stehen noch weit lebhafter vor mir als Guido Renis »Fortuna«, van Dycks »Sendung des heiligen Geistes« und Michelangelos »Grablegung Christi«, die ich hier sah.

Fünf Tage in Berlin verschwinden wie im Nu; man weiß eigentlich nur, daß sie anfingen und zu Ende gingen; und doch hatte ich genug von den meilenweiten Straßen, dem gesegneten Staub und den ständigen Berliner Witzen, die mich an die Kopenhagener Kalauer denken ließen, die im Winter bei uns grassierten. Auf der Polizeikammer, wo ich mich persönlich zu meiner Abreise zu melden hatte, fragte man mich, nachdem man in meinem Paß gesehen hatte, daß ich auf Fünen geboren wurde, ob ich Finne wäre?

Chamisso war der letzte, dem ich Lebewohl sagte. Auf seinem Tisch fand ich viele alte Freunde: »Tristan und Isolde«, »Kaiser Oktavian«, »Peter mit dem Silberschlüssel« und »Die schöne Magdalone«. Ich merkte ihnen an, daß sie mehr als ich wußten, sie sahen mir so lächelnd aus; vielleicht hatte der Dichter versprochen, ihnen neue Kleider und neue Manieren zu geben, so daß sie wieder auf die Welt, und zwar in gute Gesellschaft, kämen. Ehe wir uns trennten, schrieb der Dichter mir zum Andenken folgendes kleine Impromptu, das ich diesen meinen Reiseschatten von Berlin beifügen will:

»Oh, lasset uns in dieser düstern, bangen Zeit,
Wo hochanschwellend, donnernd, der Geschichte Strom
Die starre, langgehegte Eisesdecke sprengt,
Das neue Leben unter Trümmern bricht hervor,
Und sich in Stürmen umgestalten will die Welt,
Oh, lasset uns, ihr Freunde – rings verhallt das Lied
Und unserm heitern Saitenspiele lauscht kein Ohr –
Dennoch die Göttergabe des Gesanges treu
Im reinen Busen hegen, wahren, daß vielleicht
Wir hochergraute Barden einst die Sonne noch
Mit Hochgesang begrüßen, welche, das Gewölk
Zerteilend, die vergnügte Welt bescheinen wird.
Prophetisch, Freunde, bring' ich dieses volle Glas
Der fernen Zukunft einer andern Liederzeit!«

Der Rückweg ging zum Brandenburger Tor hinaus; ich warf der Siegesgöttin ein Lebewohl zu, die mit ihren stolzen, ehernen Pferden ganz andere Szenen gesehen hatte als ich. In ihren jungen Tagen soll sie so aufgestellt gewesen sein, als fahre sie aus Berlin hinaus; wie sie aber wirklich damit Ernst machte und sogar direkt nach Paris ging, ließ man sie zurück transportieren und stellte sie mit dem Gesicht zur Stadt; und es ist auch gewiß besser, daß der Sieg in eine Stadt hinein – als aus derselben hinauszieht.

Meine Reisegesellschaft bestand dieses Mal aus einem Bäcker, zwei Müllerskindern, nämlich einem Er und einer Sie – die letztere können wir »die schöne Müllerin« nennen; außerdem aus einer alten Gouvernante und einem – ja, entweder war es ein echter Schneider oder ein falscher Poet, wahrscheinlich beides gemeinsam. Wir freuten uns über die grünen Bäume, solange wir solche zu sehen bekamen, über das hübsche Sommerschloß Charlottenburg, wo die Spree sich durch eine grüne Wiese schlängelt, die aber bald schon durch Sand und Tannenwald ersetzt wurde.

Spandau grüßte uns mit seinen hohen, alten Mauern; fast alle Einwohner, zumindest diejenigen, die wir sahen, hatten Uniformen an. Preußen ist wirklich ein Land der Soldaten, und Berlin ist die große Kaserne. Ich bemerkte übrigens einen alten Spandauer Graubart, der sich am Fluß gegen das Geländer lehnte; er hätte gewiß von vielen Abenteuern aus dem Krieg erzählen und vor unserem geistigen Auge viele Kämpfe im tiefen Wald und auf unübersehbaren Schlachtfeldern ablaufen lassen können. Freundlich nickte er uns »guten Morgen!« zu, und so rollten wir aus der alten Stadt.

Die Sonne brannte wie Feuer, und die Gegend fing an, ihre abgenutzte Seite herauszukehren; es war, als ob wir über eine Landkarte führen, so flach lag das Ganze da, ja, zuweilen verkroch sich die schöne Natur in einem Strohhalm, der hin und wieder hervorragte. Der Bäcker, der ganz ungeheuer an der Hitze und der Furcht vor der Cholera litt, pustete und stöhnte. Er führte fünf bis sechs Flaschen Wein bei sich, denen etwas beigemischt war, was er Choleratropfen nannte, und die er eine nach der andern ausleerte. Erst fing er vor Verzweiflung an zu jodeln, das klang gerade wie der Jammerschrei eines Geräderten, und endlich, als die Flaschen leerer wurden, wurde er noch ganz poetisch und fing an zu deklamieren. Er gab einige »fürchterliche Gedichte« vom Tode, dem Satan und der weißen Frau zum Besten. Alles in einer Tonlage.

Nun kam die Sonne in den Wagen, um all diese Herrlichkeit mit anzusehen, und der Weg fing an, staubig zu werden, so daß wir die Fenster schließen mußten. Da saßen wir nun, sechs Seelen in sechs und einem halben Körper, denn der des Bäckers konnte ganz gut für anderthalb gelten. Er kam in Affekt, die klaren Wassertropfen standen in seinem Gesicht, sein Nachbar, der junge poetische Schneider, war von der Wärme ganz blaß und sagte bei jedem Vers: »Jöttlich!« Die alte Gouvernante sah sehr vornehm aus und roch unaufhörlich an einer Zitrone, während ich auf alle Weisen meine armen Beine auszustrecken suchte, die ich zwischen die »schöne Müllerin« und ihren Bruder bohrte, welche beide schliefen und im Schlaf nickten wie zwei Sumpfdotterblumen auf dem Felde, wenn der Wind ein wenig weht. Der Bäcker hielt dies für beifälliges Nicken und erhob die Stimme noch stärker, da fuhr ein kohlschwarzer Kopf mit Bellen und Schreien aus dem Nähbeutel der Gouvernante. Sie hatte darin ihren Hund versteckt, da keine Hunde in den Wagen dürfen; er hatte sich die ganze lange Zeit ruhig verhalten, verlor nun aber die Geduld; er bellte so heftig, daß die schlafenden Geschwister und wir andern Halbtoten auffuhren und uns alle mit den Köpfen in das große Netz verwickelten, das unter der Decke mit unsern Stöcken, Regenschirmen und andern Kleinigkeiten hing. Die »schöne Müllerin« hatte dahin auch eine große Papiertüte mit weißem Puderzucker gesteckt, die nun auseinanderriß und den armen Bäcker überschüttete, dessen Gesicht wie eine leibhaftige Quelle aussah. Zum Glück waren wir nahe bei einer Stadt, ich glaube Pessin; hier fand er dann Trost und wir andern die Präliminarien, uns auszuruhen; das heißt, sobald wir uns niedergesetzt hatten, blies der Postillion, und wir wurden wieder in unser wanderndes Gefängnis hineingestopft. Der Bäcker sprach jetzt nicht mehr in Versen, aber durch eine Ideen-Assoziation kam er von dem Hund der Gouvernante auf Goethes »Faust«, in welchem namentlich der Hund verdammt gut gewesen sei. Er hatte dieses Stück in Berlin gesehen und hielt es für ebensogut wie »Rollas Tod«, sein Lieblingsstück, da er einmal in seiner Jugend als wilder Mann darin mitgewirkt hatte. »Die schöne Müllerin« und ich unterhielten uns über verschiedene Arten von Käse, und ich stieg bedeutend in ihrer Achtung, als ich sie die Zubereitung von Rahmkäse aus Fünen lehrte. Es ging übrigens vorwärts in sausendem Galopp, und jedesmal, wenn ich zum Fenster hinaussah, sah ich weißen Sand und schwarze Tannenwälder, so daß die einzige poetische Blume, die hier meinem Herzen entsprießen konnte, diese preußische Sandblume war:

Ja, Preußen war ein schönes Land,
Hätt' es doch nur nicht soviel Sand,
Und noch mehr grüne Wälder!
Doch nun – nun schreiben alle Mann,
Solange man noch schreiben kann,
Den Sand, den soll'n sie preisen.

Ja, schrieb man noch in tausend Jahr',
So flink, wie das heut' manchmal geht,
Über die Unendlichkeit,
Und Preußen stand als Sandhaus hier,
Gab's Sand genug doch für jeden hier,
Und das will schon viel sagen!

Auch der »jöttliche« Schneider saß gewiß in poetische Gedanken vertieft, aber da er Platz zwischen Bein und Fleisch gefunden hatte, will sagen, zwischen der Gouvernante und dem Bäcker, mußte er einen Schwanenhals machen, um aus dem Fenster zu sehen; und als wir gerade an einer großen Distel vorüberfuhren, die hier als ein Symbol der Fruchtbarkeit stand, lispelte er mit einem Blick auf den Bäcker, als wolle er seine Bekanntschaft mit der Literatur zeigen:

»Röslein, Röslein, Röslein rot,
Röslein auf der Heiden«,

hielt dann aber ganz verlegen inne und sah auf sein Taschentuch hinab, mit dem er spielte, vermutlich, weil er befürchtete, daß der Bäcker diesen Ausbruch für eine Anspielung auf sich halten mochte; denn auch er saß hier im Sande mit einem Gesicht so rot und rund wie ein »Röslein rot, Röslein auf der Heiden«.

Wir fuhren immer vorwärts; es war, als ob ein ewiggrünes Stück Kattun mit weißen Flecken vor dem Kutschenfenster ausgespannt sei – keine Abwechslung in der ganzen Gegend. Hätte ich jetzt nur den dritten Akt aus »Drei Tage aus dem Leben eines Spielers« hier gehabt, den ich nicht mehr gesehen hatte, hier hätte ich ihn gut gebrauchen können. Wir kamen an einer Stelle vorbei, an der vor alten Zeiten ein Galgen gestanden hatte; aber dieses Phantasiestück war auch bald vorüber, ich mußte daher selbst ans Schaffen gehen, und so entstand:

Drei Tage aus dem Leben eines Diebes

Den ersten Tag – das weiß ich noch,
Da baute man ein Galgenjoch,
Da hat man einen drin aufgehangen,
Das war mein Vater – so hat's angefangen.
Drauf hat man die Mutter ins Loch gebracht,
Die erbrach aber's Schloß und empfahl sich sacht',
Hat dann in den Wald mich mitgenommen,
Da sind wir recht leidlich vorwärts gekommen.
Ich war damals noch ein Junge.

Den zweiten Tag – ja die Zeit geht schnell,
Da war ich schon ein art'ger Gesell,
Verführt mich der Teufel, mich zu verlieben,
Wär' sonst wohl ein ehrlicher Bursche geblieben.
Was die Liebste wollte, das wollte auch ich,
Die Liebste hielt' aber zum Besten mich,
Sie war wie alle aus Evas Orden
– Da bin zum Dieb ich geworden.
Es muß ja auch solche geben!

Den dritten Tag – ei nun, laß gehn!
Ich mag wohl dem Vater ähnlich sehn.
Die Mutter ist längst vor Hunger gestorben,
Ich habe das Ende mir leichter erworben –
Ein tüchtiger Kerl stets oben 'naus denkt,
Nun komm' ich nach oben – ich werde gehenkt.
Vielleicht hat's auch die Liebste vernommen,
Ist mit ihrem Mann und den Kindern gekommen,
Zu sehn, wie der Dieb hier baumelt.

Die dunkle Nacht brachte uns noch ein Abenteuer, oder besser gesagt, eine komische Szene, schade nur, daß sie mehr dramatisch als episch war und sich also nicht so gut erzählen wie ausführen läßt. Vor einem der hübschen zweistöckigen Wirtshäuser, mit kannelierten Pfeilern in der Mauer und hübscher Fassade, die man auf dem Wege zwischen Berlin und Hamburg findet, hielten wir an, um die Pferde zu wechseln. Bis auf die Gouvernante und ihren Hund stiegen wir alle aus dem Wagen, um uns in der hübschen Gaststube zu erfrischen. Die alte Dame fiel inzwischen in Schlaf und träumte vielleicht von ihrer grünen Jugend, wo auch sie eine Rose war, denn das sind ja alle Hagebutten gewesen. Endlich erwacht sie, außer ihr und dem Hunde ist niemand im Wagen, sie blickt hinaus, alles ist dunkel und totenstill, kein Licht scheint durch die Fenster auf den Hof. Die Pferde sind ausgespannt, kein Mensch befindet sich draußen; sie stößt einen Schrei aus, man ist weitergereist und hat sie vergessen, mitten im preußischen Sande sitzt sie hier allein auf der Landstraße in der dunkeln Nacht!

Wir waren alle drinnen in der Gaststube, die nach der andern Seite des Hauses lag, es war noch nicht wieder vorgespannt, da wir hier noch einige Minuten rasten sollten; wir hörten den Schrei und stürzten nun alle, um zu helfen, aus dem Hause und auf die Kutsche zu, deren Türe wir aufrissen; aber nun wurde ihr Schreck noch größer, denn sie glaubte, daß man sie überfallen wollte. Sie schrie, der Hund bellte, und wir schrien unsererseits wieder auf sie ein, um über diesen Auftritt eine Erklärung zu bekommen, was nicht so ganz leicht war.

Bald rollten wir wieder von dannen! Die preußischen Wege sind vortrefflich, es ist, als führe man über den Fußboden einer Stube, aber die Gegend – ich glaube, am besten kann man sie durch eine geometrische Proportion deutlich machen.

Die preußischen Wege verhalten sich zu der Gegend hier wie die Gegend zwischen Hamburg und Lübeck zu den Wegen dort. Das ist zwar hart gesagt, aber es ist auch hart, so viel Sand sehen zu müssen, und nicht zuletzt ist es auch hart, von Hamburg nach Lübeck zu fahren.

Endlich kamen wir an die Grenze von Mecklenburg! Das Land ist eine lächelnde Oase, mitten in der Wüste. Hier sahen wir wieder ordentliche Bäume, Eichen und Buchen; das Getreide wogte auf den Feldern, ich träumte mich nach Seeland.

Ludwigslust mit seinem Schloß, seinem großen Garten und den breiten Alleen lag vor uns. In dem Gasthof, in den wir einkehrten, stand ein Fenster offen, ein Sperling setzte sich drauf und zwitscherte lustig – ich weiß nicht recht wie –, aber sowohl der Vogel wie seine Stimme kamen mir bekannt vor, es war gewiß dieselbe kleine Person, die den letzten Morgen, als ich noch in Dänemark war, vor meinem Fenster zwitscherte, die ich aber damals auch nicht verstand. Sollte es ein Rezensent sein?

Gern würde ich nun in Versen und in Prosa malen, wie wir von Ludwigslust durch eine Stadt nach der anderen fuhren, wo es im Grunde nichts zu sehen gab, aber dem konnten wir jedenfalls selbst abhelfen; gern würde ich die romantische Gegend bei Lauenburg zeichnen, wo es tatsächlich weder Wälder noch Flüsse, weder Berge mit Weinstöcken noch Ruinen gibt, und doch ist die Gegend romantisch. Es gibt ungeheure Sandbänke und immer wieder Sandbänke! Es sah aus, als ob das Meer soeben abgelaufen wäre und diese hier zurückgelassen hätte. Bald war der Weg so breit, daß er selbst nicht recht wußte, wo er zu Ende ging, bald verlief er sich zwischen diesen weißen Bergen, wo der Wagen tief hineinsank und kaum von der Stelle kam. Man bedenke außerdem, daß es Mondschein war und wir außer uns nicht ein menschliches Wesen sahen oder hörten. Wie gesagt, ich würde dies malen, würde Hamburg und Lübeck auf der Rückreise malen, nun, da ich innerhalb der Wälle Kopenhagens wieder zur Ruhe gekommen bin; aber indem ich die Feder ergreife, sitzt wieder der kleine Vogel vor dem Fenster und zwitschert ebenso wie vor meiner Abreise und wie in Ludwigslust. Ich glaube sogar, er sagt ganz dasselbe, das ist nun das dritte Mal. Es muß ein Rezensent sein, denn er versetzt mich in üble Laune. Es kamen also keine Reiseschatten mehr, nicht einmal von dem herrlichen Meer, das auch nicht bei guter Laune war, als ich nach Hause reiste; aber es stand ihm gut, dieser finstere Blick, dieser frische Wind, der in die Segel griff und die schwarze Rauchsäule hoch in die Luft wirbelte. Kopenhagens Türme erhoben sich vor uns, sie sahen mir so spitz, so satirisch aus, als wären sie ein Bild von der Feder, die vielleicht an meinen Schattenbildern herumkratzen wird.

Der Maler geht in Gottes Natur hinaus, skizziert dort einen einzelnen Baum oder ein einzelnes Blatt, das durch seine Schönheit oder seinen besonderen Charakter seine Aufmerksamkeit erregt; so versammeln sich viele Studien, die dann in seiner Komposition untergebracht werden. Das Skizzenbuch des Dichters hingegen ist sein eigenes Herz, hier bilden sich die großen Bilder des Lebens ab, die dann in seinen Werken hervortreten. Ich habe meinen Freunden – und Feinden – diese lockeren Skizzen mit den besten Absichten gebracht, diese Schattenbilder einer kleinen, sechswöchigen Reise. So wie ich jede Einzelheit sah, zeige ich sie, bevor das Ganze zu einem einzigen Stück in meinem Leben zusammenschmilzt: eine hübsche Sommerlandschaft mit dem windstillen Meer, die fremden Länder mit ihren Menschen und hohen Bergen, mit Wäldern zwischen den leichten Nebelwolken.

Noch immer zwitschert der Vogel draußen, aber er kann kein ehrliches Lied singen, nein, nur piepsen und hacken kann er. Ich werde nun bald aufbrechen, aber dieses Lebewohl ist etwas ganz Eigenes; es ist merkwürdig, seine Gedanken und Träume hinaus in die Welt flattern zu lassen! Manche werden bestimmt der Ansicht sein, daß ich wirklich gegeben habe, was ich sah und fühlte, während andere die Bilder nehmen werden, als wäre es ein Schulaufsatz, den man auf Fehler durchgehen müsse! Hier ein Strich zu krumm, dort einer zu gerade, hier ein Komma vergessen und so weiter und so fort. Bitterkeit, Vornehmheit und Strenge sind des jungen Dichters Erzieher! Drei solche Meister müßten doch etwas zustande bringen können, oder – – – das Ganze streichen.

Mancher kleine Vogel, der im Walde singt, würde gewiß, wenn er jedesmal, wo er singt, so vor dem strengen Schulgericht stehen sollte, schweigen und vor Trauer hinter den grünen Hecken vergehen, aber der Dichter – –

Nicht Lob, nicht Tadel hemme seinen Flug,
Die Blume reift in Sturm und Sonnenschein zur Frucht!

11 *Wenn einer eine Reise tut*: Anfangszeile des Gedichts »Urians Reise um die Welt« von Matthias Claudius (1740-1815).

12 *Langelinie*: Promenade am Øresund in Kopenhagen.

13 *Der Dichter weicht dem Maler nicht*: Losung der dänischen Autoren nach 1830, denen vorgeworfen wurde, sie schrieben zu »malerisch«.

16 *Stevns Klint mit seiner wandernden Kirche*: Højerup-Kirche in der Nähe der Stevns-Klippe südlich Kopenhagens auf Seeland, aufgrund der Ausspülung durch die See vom Absturz bedroht. Der Sage nach wandert die Kirche jedes Jahr an Heiligabend eine Hahnenfeder landeinwärts, um dem Absturz zu entgehen.

Arv: Figur in den Komödien des dänisch-norwegischen Dichters Ludvig Holberg (1684-1754), allerdings läßt sich das Zitat weder dort noch in den Stücken des dänischen Dichters Adam Oehlenschläger (1779-1850) nachweisen, der ebenfalls eine Figur namens Arv verwendete. Wahrscheinlich übernahm Andersen den Satz aus der Improvisation eines Schauspielers.

18 *Pottersches Gemälde*: Paulus Potter (1625-1654), niederländischer Maler, bekannt durch seine Tierbilder.

»Ja, wo ist denn der Schreiber geblieben?«: Zitat aus Holbergs Komödie »Hexerie eller blind Alarm« (»Hexerei oder blinder Alarm«).

19 *»Jetzt muß man Deutsch sprechen!«*: Deutsch im Original.

Das bekannt kluge Kind aus Lübeck: Christian Heinrich Heineke (1721-1725), Wunderkind. 1724 (nicht 1722) demonstrierte er mit drei Jahren während einer Audienz bei König Frederik IV. und dessen Familie seine Kenntnisse in Numismatik, Genealogie, Anatomie und mehreren Sprachen.

20 *»permettez moi ...«*: »Gestatten Ihre Majestät, daß ich die Hand Ihrer Majestät und den Saum Ihrer königlichen

Kleidung küsse« (*Sir* anstelle von *Sire*, *base* anstelle von *baise*).

20 *Jürgen Wullenweber*: Jürgen Wullenweber (1492-1537), Bürgermeister von Lübeck, herausragende Gestalt in den politischen und religiösen Ereignissen der Refomationszeit.

21 *Kotillon*: Ende des 17. Jahrhunderts beliebter französischer Gesellschaftstanz.

22 *Andreas und Anselmus*: Asmus und Andres, Figuren von Matthias Claudius.

24 *Hochbuchi*: In der Gründungsgeschichte Hamburgs nicht zu ermitteln.

28 *Peer Madsens Gang*: Berüchtigte Gasse zwischen der Østergade und der Grønnegade in Kopenhagens Innenstadt.

»Ulysses von Ithaca« (korrekt: *Ithacia*): Komödie von Ludvig Holberg, die die mit viel Aufwand inszenierten Theaterstücke der durch Dänemark reisenden deutschen Theatergruppen parodierte.

Samiel: In der orientalischen Mythologie ursprünglich einer der sieben Weltregenten; im jüdischen Glauben Verkörperung des Teufels.

29 *Retirade-Marsch*: Wortspiel, das auf die Bedeutung »retirieren = sich zurückziehen, auf die Toilette gehen« anspielt.

Cardillac: »Cardillac ou le quartier de l'arsenal«, nach Hoffmanns Novelle »Das Fräulein von Scuderi« entstandenes Melodram des französischen Autors Antony-Léopold.

31 *Rainvilles Garten*: 1802 von dem ehemaligen französischen Oberst Rainville gegründetes, beliebtes Gartenrestaurant an der Elbchaussee.

»Die schöne Marianne«: Johanna Maria Caroline Schindler (1802-1882), genannt »Die schöne Marianne«, führte ein weit über die Stadtgrenzen Hamburgs hinaus bekanntes Ausflugslokal in Eimsbüttel.

35 *Stadt Hamburg in der Elbe Auen*: Lied von Georg Nikolaus Bärmann (1785-1850), Deutsch im Original.

38 *Tode*: Johan Clemens Tode (1736-1806), dänischer Schriftsteller und Arzt, verbrachte seine Kindheit in Hamburg.
Börsenhalle: Hamburger Handelszeitung.

40 *Thorvaldsen*: Bertel Thovaldsen (1770-1844), dänischer Bildhauer.
Fräulein Mumme: Nach dem 1492 von Christian Mumme in Braunschweig gebrauten Bier.

42 *Lenore*: Figur aus der gleichnamigen Ballade von Gottfried August Bürger (1747-1794).

46 *makadamisierte Wege*: Straßenpflasterung des schottischen Ingenieurs MacAdam (1756-1836).

47 *Fortuna auf ihrer rollenden Kugel*: Die römische Glücksgöttin Fortuna wurde als Symbol der Wechselhaftigkeit des Glücks auf einem Rad oder einer Kugel stehend dargestellt.

49 *»Oh, ein wunderschönes Stück«*: Deutsch im Original.
»Drei Tage aus dem Leben eines Spielers«: Melodram des Dramatikers und Schauspielers Louis Angely (1787-1835).
»Galeerensklaven«: Möglicherweise handelt es sich um das Stück »Der Galeerensklave oder Die Belohnung der kindlichen Liebe« von Fenouillot de Falbaire (1727-1800).

53 *»Herr Jös'«*: Herr Jesus.
Marr: Heinrich Marr (1797-1871), Schauspieler und Regisseur, arbeitete von 1827-1834 in Braunschweig.

56 *Schopenhauer*: Johanna Schopenhauer (1766-1836), Schriftstellerin, Mutter des Philosophen Arthur Schopenhauer.
»Es ist eine alte Geschichte ...«: Aus Heinrich Heines Gedicht »Ein Jüngling liebt ein Mädchen« im »Buch der Lieder«, Deutsch im Original.

57 *Barcarole aus der »Stummen«*: Lied der Gondoliere in »Die Stumme von Portici«, Oper des französischen Komponisten Daniel-Francois-Esprit Auber (1782-1871).

58 *Peblinge*-See: See in Kopenhagens Innenstadt.

60 *Molinasky*: »moulinage« (frz.), »Mühlentanz« (Volkstanz).

64 *Nürnberger Bilder*: Volkstümliche Malerei von minderer Qualität.

72 *»Die neue Amazone«*: Ballett nach Franz Seydelmanns (1748-1806) Singspiel »Die schöne Arsene oder Die neue Amazone«.

78 *»Fra Diavolo«*: Komische Oper von Auber.

80 *Der »Braut«*: Carl Maria von Webers Oper »Der Freischütz« wurde in Dänemark unter dem Titel »Die Jägerbraut« aufgeführt.

Dolorem furca ...: (lat.) »Treib den Schmerz mit der Forke aus«, Anspielung auf Horaz, Episteln I,10.

87 *Das arme Polen*: Nach dem erfolglosen Aufstand gegen die russische Herrschaft 1830/1831 verlor das Königreich Polen seine Autonomie und wurde in das russische Kaiserreich eingegliedert.

94 *Die weiße Dame*: Hausgeist des Blankenburger Schlosses.

102 *Bautasteine*: Inschriftlose Gedenk- und Grabsteine aus der Bronze- und Eisenzeit.

106 *Sand*: Karl Ludwig Sand (1795-1820), Theologiestudent und Burschenschafter aus Jena, ermordete 1819 den Dichter August von Kotzebue (1761-1819) aus politischen Motiven.

Oehlenschläger: Adam Gottlob Oehlenschläger (1779-1850), dänischer Dichter der Romantik. 1829-1830 waren in Deutschland seine »Schriften. Zum erstenmal gesammelt als Ausgabe letzter Hand« erschienen.

107 *Lafontaine*: August Heinrich Julius Lafontaine (1758-1831), Schriftsteller, Autor der Erzählung »Die Harfespielerin oder Die Liebe auf den Riesenbergen«, auf die Andersen hier anspielt.

Ossian: Gälischer Barde, dessen angeblich mündlich überlieferten Lieder sich als Nachahmungen des schottischen Dichters James Mcpherson (1736-1796) herausstellten.

108 *Ottomar*: 1800 in Bremen erschienenes Buch »Volkssagen. Nacherzählt von Otmar«.

110 *Rachel am Brunnen*: Vgl. I. Moses, Kap. 29

115 *Mediatstadt*: Stadt, die nicht direkt dem Kaiser unterstand, sondern einem Mediaten, d.h. einem Zwischenlehnsherrn, untergeordnet war.

119 *»Wer nicht liebt ...«*: Der Zweizeiler wird Luther zugeschrieben, ist in seinen Schriften aber nicht nachweisbar.

122 *Gaza ladra*: Gioacchino Rossinis (1792-1868) Oper »La gazza ladra« (»Die diebische Elster«).

126 *Poniatowski*: Jósef Fürst Poniatowski (1763-1813), polnischer General und napoleonischer Marschall, ertrank 1813 nach der Völkerschlacht bei Leipzig in der Weißen Elster.

Østergade: Zur Zeit Andersens eine der Hauptverkehrsstraßen Kopenhagens, heute Teil der Fußgängerzone »Strøget«.

128 *Oeser*: Adam Friedrich Oeser (1717-1799), Maler und Radierer, seit 1764 Direktor der Leipziger Kunstakademie.

Puds in »Sigrid mit dem Schleier«: Figur aus Oehlenschlägers Romanze »Sigrid med Sløret«.

Gellerts Grab: Christian Fürchtegott Gellert (1715-1769), Schriftsteller der Aufklärung, lebte und lehrte in Leipzig.

129 *Hölty*: Ludwig Heinrich Christoph Hölty (1748-1776), Dichter der Empfindsamkeit, Mitglied des Göttinger Hainbundes.

131 *»Vernichtung des Menschengeschlechts«*: Anspielung auf den Titel einer Tragödie, die eine Figur in dem Vaudeville »Recensenten og Dyret« (Der Rezensent und das Tier) des einflußreichen dänischen Dramatikers und Kritikers Johan Ludvig Heiberg (1791-1860) verfaßt.

133 *Kosciusko*: Tadeusz Kosciusko (1746-1817), polnischer General, spielte eine führende Rolle im polnischen Aufstand 1794.

134 *Gimle, Ragnarök*: Nach dem Untergang der Götter und der jetzigen Welt, dem Ragnarök, erhebt sich der nordischen Mythologie nach Gimle, die neue, glückliche Welt.

Don Miguel . . .: Don Miguel, portugiesischer König von 1828 bis 1834, verfolgte die liberale Bewegung mit Gefängnis und Massenhinrichtungen. Die folgenden Zitate über die preußischen Zensurmaßnahmen übernahm Andersen aus der Zeitung »Kjøbenhavnsposten«.

135 *Lindberg*: Jacob Christian Lindberg (1758-1857), Mitstreiter des dänischen Theologen und Kirchenreformators Grundtvig, dessen konservative theologische Auffassungen Andersen ablehnte.

Münchhausen: Karl Friedrich Hieronymus Freiherr von Münchhausen (1720-1797), bekannt als »Lügenbaron«.

Robertus von Agerkaal: 1724 erschienenes Volksbuch.

136 *Das sterbende Kind*: 1827 erstmals gedrucktes, populäres Jugendgedicht Andersens.

katál, katlá: (hebr.) eigentlich »katál, kataltá«, »er hat gemordet, du hast gemordet«.

Mengs: Anton Raphael Mengs (1728-1779), Maler des Spätbarock und der Klassik.

Ruysdael: Salomon van Ruysdael (um 1600-1670), holländischer Maler, wurde insbesondere für seine Bilder von Flußufer- und Kanallandschaften bekannt.

141 *Dahl*: Johan Christian Claussen Dahl (1788-1857), norwegischer Maler, Freund Caspar David Friedrichs.

Ingemann: Bernhard Severin Ingemann (1789-1862), dänischer Schriftsteller.

143 *Ole der Namenlose / Phantasien und Skizzen*: Ingemanns Märchendichtung »Huldre-Gaverne eller Ole Navnløses Levneds-Eventyr« (Die Elfengaben oder Das Lebensmärchen von Ole dem Namenlosen) erschien ebenso wie Andersens Gedichtsammlung »Phantasier og Skizzer« 1831 in Dänemark.

Fußreise: Andersens 1829 erschienenes erstes Prosawerk »Fodreise fra Holmens Canal til østpynten af Amager i Aarene 1828 og 1829« (Fußreise vom Holmens-Kanal zur

Ostspitze von Amager in den Jahren 1828 und 1829). In Deutschland auch unter dem Titel »Spaziergang in der Sylvesternacht« veröffentlicht.

144 *Falstaff, Frau Hurtig*: Falstaff, Figur aus Shakespeares »Henry IV.«; Frau Hurtig, im Original Mrs. Quickly, Figur aus »Die lustigen Weiber von Windsor«.

145 *Raphaels »Madonna«*: Sogenannte »Sixtinische Madonna« des italienischen Renaissancemalers Raffaello Santi (um 1483-1520).

146 *Correggios »Nacht«*: »Die heilige Nacht«, Gemälde des italienischen Malers Antonio Allegri, genannt il Correggio (um 1489-1534).

147 *Carlo Dolci*: Carlo Dolci (1616-1686), italienischer Maler.
Rubens: Peter Paul Rubens (1577-1640), flämischer Maler.
Bassano: Jacopo Bassano, eigentlich Jacopo da Ponte (zwischen 1510 und 1519-1592), italienischer Maler.

148 *Batoni*: Pompeo Batoni (1707-1787), italienischer Maler.
Die Königin von sechzehn Jahren: »La reine de seize«, Lustspiel des französischen Dramatikers Jean Bayard (1796-1853), das Andersen fälschlicherweise dem französischen Dramatiker Eugène Scribe (1791-1861) zuschreibt.
... mit unserem in Vesterbro: Gemeint ist das zur Zeit Andersens sehr populäre »Nationalsommertheater« im Kopenhagener Stadtteil Vesterbro.
Der Faßbinder: »Le Tonnelier«, Opéra comique des französischen Schriftstellers Nicolas-Médard Audinot (1732-1801) mit Musik von Charles-Guillaume Alexandre (um 1735-1788).

149 *Schloß Rosenborg*: Anfang des 17. Jahrhunderts erbautes Renaissanceschloß im Königlichen Garten in Kopenhagen, Aufbewahrungsort der königlichen Kunstsammlungen und Kronjuwelen.

151 *Memnonsäule*: Bildsäule des ägyptischen Königs Amenophis III. in West-Theben, galt bei den Griechen als Bildnis des

Memnon, Sohn der Sonnengöttin Eos. Es hieß, bei Sonnenaufgang würde die Säule einen Ton abgeben.

152 *Kuhreihen*: Schriftlich nicht überlieferte Hirtengesänge Schweizer Sennen, vornehmlich aus dem Appenzeller Raum. Synonym für Heimatverbundenheit.

157 *»Herz, mein Herz, warum so traurig«*: Aus dem Lied »Das Schweizerheimweh« von Rudolf Wyss (1781-1830) nach der Melodie von F. Glück.

159 *Wessel*: Johan Herman Wessel (1742-1785), norwegisch-dänischer Schriftsteller.

164 *Kind*: Johann Friedrich Kind (1768-1843), Schriftsteller, schrieb u.a. das Libretto zu Webers Oper »Der Freischütz«.

178 *Christiansburger Schloß*: Schloß Christiansborg in Kopenhagen, heute Sitz des dänischen Parlaments.

Ludwig XVI.: Ludwig XVI. (1754-1793), französischer König. Nach der Französischen Revolution 1793 durch die Guillotine hingerichtet.

183 *Molbech*: Christian Molbech (1783-1857), dänischer Bibliothekar, Historiker und Sprachforscher.

186 *Midas-Schilf*: Der griechischen Sage nach wurde König Midas von Apoll mit Eselsohren bestraft, die er unter einer Mütze verbarg. Nur sein Barbier wußte davon, doch war es ihm bei Todesstrafe verboten, darüber zu reden. Er vertraute sein Geheimnis einem Erdloch an. Zu Midas' Verzweiflung jedoch wuchs Schilf aus dem Erdloch, das die Wahrheit der ganzen Welt mitteilte, wenn es vom Wind bewegt wurde.

188 *Woiwode*: russischer Adliger.

189 *Jeppe Berg*: Figur aus Holbergs Schauspiel »Erasmus Montanus«.

»Der Gott und die Bajadere«: Ballade von Goethe.

193 *venia verbo*: (lat.) »Wenn ich so sagen darf«.

Ørsted: Hans Christian Ørsted (1777-1851), dänischer Physiker und Naturphilosoph, Entdecker des Elektromagnetismus und väterlicher Freund Andersens.

196 *Adolph Bäuerle*: Adolph Bäuerle (1786-1859), österreichischer Schriftsteller, Autor von Wiener Volkskomödien.

197 *»Der Fächer«*: Komödie des italienischen Lustspielautors Carlo Goldoni (1707-1793).

»Der Nasenstüber«: Posse von Ernst Raupach (1784-1852).

»Das Mädchen aus der Feenwelt«: Schauspiel des österreichischen Schriftstellers Ferdinand Raimund (1790-1836).

»Die neue Amazone«: Siehe Anm. S. 72.

Holtei: Karl von Holtei (1798-1880), Schriftsteller und Schauspieler.

199 *La Motte Fouqué*: Friedrich Baron de La Motte Fouqué (1777-1843), Schriftsteller, dessen Märchen »Undine« Andersen zu seiner »Kleinen Meerjungfrau« angeregt hat.

Clauren: Carl Heun (1771-1854), Unterhaltungsschriftsteller, der unter dem Namen Heinrich Clauren veröffentlichte.

Streckfuss: Karl Streckfuss (1778-1844), Schriftsteller und Übersetzer.

Simrock: Karl Joseph Simrock (1802-1876), Schriftsteller und Germanist.

Hitzig: Julius Eduard Hitzig (1780-1849), Kriminalassessor und Schriftsteller, Freund und Biograph E. T. A. Hoffmanns.

Alexis: Georg Wilhelm Heinrich Häring (1798-1871), Schriftsteller, der unter dem Pseudonym Willibald Alexis veröffentlichte.

Tyß' mikroskopisches Glas: Peregrinus Tyß, Hauptperson in E. T. A. Hoffmanns Märchen »Meister Floh«, verwendet mikroskopische Gläser.

Καλοι και Αγατοί: (griech.) »Die Schönen und Guten«.

201 *Hugo van der Goes*: Hugo van der Goes (ca. 1440-1482), flämischer Maler.

Guido Reni: Guido Reni (1575-1642), italienischer Maler.

van Dyck: Anthonis van Dyck (1599-1641), niederländischer Maler.

205 *»Rollas Tod«*: »Die Spanier in Peru oder Rollas Tod«, Schauspiel von August von Kotzebue.

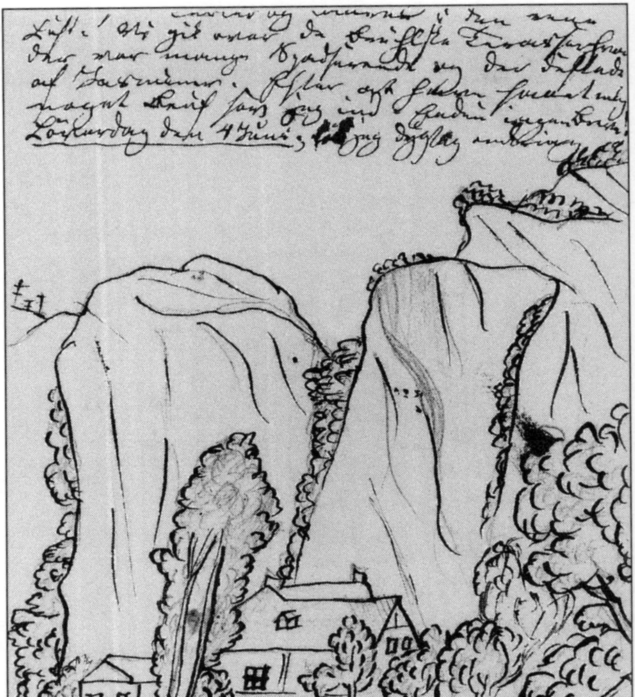

Bleistiftzeichnung aus Andersens Reisetagebuch, 1831:
In der Sächsischen Schweiz

Nachbemerkung

»Von Kopenhagen ab den 16. Mai«. Hans Christian Andersen ist sechsundzwanzig Jahre alt, als er im Sommer 1831 den Beginn einer mehrwöchigen Reise nach Deutschland in seinem Tagebuch vermerkt – der ersten Reise, die ihn über Dänemark hinaus ins Ausland führt. Andersen befindet sich in einer persönlichen und künstlerischen Krise. Zwei Jahre zuvor war sein Debüt, die *Fußreise vom Holmens-Kanal zur Ostspitze von Amager in den Jahren 1828 und 1829*, erschienen, ein Jahr darauf ein erster Gedichtband, im Januar 1831 die Gedichtsammlung *Phantasien und Skizzen*. Publikum und Kritik hatten die ganz im Geiste E. T. A. Hoffmanns geschriebene satirische Plauderei der *Fußreise* begeistert aufgenommen, bei den Gedichtbänden jedoch mehrten sich kritische und nörgelnde Stimmen, die Andersen als zutiefst ungerecht wahrnimmt. Zusätzlich belastet den empfindsamen und von Zeitgenossen als eitel und empfindlich beschriebenen jungen Dichter, daß er als Theaterautor ähnlich erfolglos bleibt wie zehn Jahre zuvor mit seinen vergeblichen Bemühungen als Schauspieler, Tänzer oder Sänger. »Ich geriet mehr und mehr in eine krankhafte Stimmung«, erinnert sich Andersen fünfzehn Jahre später in seiner Autobiographie *Das Märchen meines Lebens* an diese Zeit, »und fühlte einen Hang, das Traurige in meinem Leben aufzusuchen und bei den Schattenseiten zu verweilen; ich wurde empfindlich und behielt den Tadel, nicht das Lob, welches mir gespendet wurde.«

Neben angeblichen Formfehlern ist es immer wieder seine mangelhafte Rechtschreibung, die zum Ziel der Kritikerhäme wird: »Nun spottete man über diese Fehler und verweilte bei ihnen, während man über das, was gut war, leicht hinwegging; ich kenne Menschen, die meine Gedichte nur durchlasen, um Fehler herauszufinden. Ich litt bei dem allem, ich war zu weich, zu unverzeihlich gutmütig. Jeder wußte es, und einzelne wurden deshalb fast grausam.«

Die »Grausamkeiten« erreichen ihren Höhepunkt im Dezember 1830, als der nur wenige Jahre ältere Henrik Hertz anonym die *Gespensterbriefe* veröffentlicht, eine Sammlung sechs gereimter, angeblich von dem verstorbenen Dichter Jens Baggesen im Paradies verfaßter Briefe, in denen Andersen lächerlich gemacht wird: »Berauscht vom Bier der Phantasie reitet dieser junge Schriftsteller auf dem erst eine Nacht alten Fohlen der Muse, einem Slagelser Klepper mit lahmen Flanken und gilt beim Mob als ›Dichterpoet‹. Würde Andersen sich die orthographischen und grammatikalischen Schnitzer, von denen seine Publikationen nur so strotzen, in einer Schule für zurückgebliebene Kinder leisten, dann würde man ihn übers Knie legen und ihm die Narrenkappe aufsetzen.«

Es sind indes nicht die Reaktionen auf seine Veröffentlichungen allein, die Andersen veranlassen, Dänemark für einige Wochen den Rücken zu kehren. Im August 1830 hatte er während einer Reise durch Jütland Riborg Voigt kennengelernt, die Schwester eines Studienkameraden. Andersen verliebt sich in Riborg, allerdings ist sie bereits verlobt. Noch wenige Wochen vor seiner Abreise nach Deutschland schreibt er im März 1831 an seinen Freund, den dänischen Dichter Ingemann: »Ich hänge mit meiner ganzen Seele an einem Wesen, das niemals mein werden kann.« Die unglückliche Liebe zu Riborg Voigt und den damit verbundenen Verzicht auf sexuelle Erfüllung stilisiert Andersen zur Sinnfrage seiner künftigen dichterischen Existenz – wie weit hat sich das reale Leben dem künstlerischen Prozeß unterzuordnen? »Sollte all dies notwendig sein, um ein großer Dichter zu werden, oh, dann würde ich es beinahe lieber niemals werden wollen«, heißt es in einem der Briefe aus dem Frühjahr 1831.

In dieser Situation drängt ihn Jonas Collin, Gönner und Vaterersatz seit Andersens Ankunft 1815 in Kopenhagen, zu einer »kleinen Reise, z.B. nach Norddeutschland, um mich zu zerstreuen und neue Eindrücke zu empfangen«. Andersen ist mehr als einverstanden, hofft er doch, durch den Abstand einer Reise Antworten auf seine Fragen und Probleme zu finden. Seinem Freund C.H. Lorenzen schreibt er: »Ich kann es hier in der Heimat nicht länger aushalten, ich bin in dieser Welt ein elender Schwächling geworden und fast zu sentimental; das ist verkehrt, und das beste Mittel dagegen ist sicher zu reisen! Ich habe daher beschlossen, Anfang Mai über Hamburg und Braunschweig in den Harz zu fahren und von da über Leipzig nach Dresden und schließlich über Berlin und Hamburg nach Hause. Das kann wohl eine herrliche Reise werden; mein geistiges Ich wird dann vielleicht etwas mehr ins Gleichgewicht kommen, ich werde Menschen kennenlernen und mich etwas in meinem Deutsch vervollkommnen; kann das nicht wunderschön werden?»

Hans Christian Andersens erste Reise durch Deutschland wird nicht nur »wunderschön« und erfüllt all seine Erwartungen, sie wird darüber hinaus in mehrfacher Hinsicht zu einer zentralen Erfahrung in seiner persönlichen und künstlerischen Entwicklung, gleichsam zu einer Initiation. »Die Welt erweiterte sich so erstaunlich vor mir, meine gute Laune kehrte wieder zurück, gleich dem Zugvogel«, erinnert er sich 1847 in seiner Autobiographie an die ersten Tage der Fahrt. Er wird sich seiner »Zugvogelmentalität« bewußt, seiner »Gabe, aufzufassen und darzustellen«, der Notwendigkeit, sich auf der Suche nach Erfahrungen, Bildern und Stoffen »in der Welt herumzutreiben«. Die Deutschlandreise wird zum Auftakt einer lebenslangen, rastlosen Reise, die Andersen durch ganz Europa bis nach Kleinasien führt. Insgesamt neunundzwanzig, zum Teil mehrjährige Reisen unternimmt er im Laufe seines Lebens, bis er 1875 siebzigjährig stirbt; die Eindrücke und Erlebnisse hält er nicht nur in mehreren Reisebüchern fest, sie schlagen sich auch in seinen Romanen und in den ab 1835 erscheinenden Märchen und Erzählungen nieder.

Deutschland ist für Hans Christian Andersen eine vollkommen neue und überraschende Erfahrung; beeindruckt ist er insbesondere von den Naturlandschaften Heide, Harz und der Sächsischen Schweiz. Zum ersten Mal hat Andersen, der seit seinem fünfzehnten Lebensjahr in Kopenhagen, also in der Stadt, gelebt hat, das Gefühl, Natur tatsächlich zu erkennen und zu begreifen. Daß ihm nach dieser intensiven Naturerfahrung die Großstadt Berlin am Ende der Reise so gar nicht mehr gefallen will, überrascht nicht.

Von diesem überwältigenden Naturerlebnis wird – wie auch von den übrigen prägenden Eindrücken der Reise – mit der ihm sehr eigenen kindlich-frommen Unmittelbarkeit und in einem erzählerischen Grundton berichtet, der als stilistisches Mittel auch seine Märchen kennzeichnen wird und durchaus mitverantwortlich für ihren enormen Erfolg ist: Andersen spricht den Leser wie einen Zuhörer immer wieder ganz direkt und unmittelbar an, wechselt unvermittelt zwischen Gegenwarts- und Vergangenheitsform und schafft so diese besondere, spannungsreiche und persönliche Atmosphäre, die »im Stil den Erzähler hören läßt«. Sein für das Märchengenre formulierter Gedanke, daß sich »die Sprache dem mündlichen Vortrag nähern« muß, ist im wesentlichen in den *Schattenbildern* bereits eingelöst. Ohnehin sind die Verbindungslinien zu den Märchen nicht zu übersehen: Begeistert referiert Andersen die Sagen und Mythen, von denen er hört; vier Jahre, bevor die erste Sammlung seiner »Märchen, erzählt für Kinder«, erscheint, beginnt er, eigene Märchen zu erzählen (u. a. das Elfenmärchen auf der Fahrt durch die Lüneburger Heide) und weist auf Märchenmotive und Stoffe hin, die erst Jahre später in seinen Geschichten auftauchen.

Gern vergleicht Andersen die Präsentation seiner Reiseerlebnisse mit dem Blick und der Arbeitsweise eines Malers. Doch nicht immer ist er mit den eigenen Darstellungsmöglichkeiten zufrieden, hin und wieder bleibt ihm sogar nur das fast hilflos erscheinende Adjektiv »romantisch«, um die eigenen Eindrücke zu beschreiben. Immerhin hat er es nicht mehr nötig, wie noch in der *Fußreise* durch eine Flut von Zitaten und Anspielungen mit der eigenen Gelehrsamkeit zu prahlen; in Deutschland erlebt er eine ihm bisher fremde, originale Wirklichkeit, für ihn öffnet sich »zwischen den Bergen eine neue Welt, Gottes herrliche Natur umgab mich, da war keine angenommene Originalität, und doch sah sie ganz originell aus, während sie doch nur sie selbst war«.

Doch obgleich sich Andersen in seinen Naturbeschreibungen nach wie vor eng an den romantischen Vorbildern orientiert, insbesondere an Ludwig Tieck und Adelbert von Chamisso, vergißt er den anderen, den frechen Ton nicht, den er bereits in der *Fußreise* ausprobiert hatte.

Politisch-satirische Spitzen, religiöse Sottisen, erotische Doppeldeutigkeiten und persönliche Bemerkungen unterlaufen immer wieder den romantisch geprägten Grundcharakter seiner Reiseeindrücke; eine Reihe von Gedichten und Anspielungen zeigt einen Andersen, der längst nicht mehr nur bei den Romantikern zu Hause ist, sondern auch die Dichter des »jungen Deutschland« aufmerksam gelesen hat und seine Beobachtungen in spöttische Kritik zu kleiden weiß. Sogar den Begriff »romantisch« setzt er gelegentlich ein, um einen komischen Effekt zu erzielen.

Dennoch bleibt eine tiefe Verehrung für die großen deutschen Romantiker selbst, und der Höhepunkt seiner Reise durch Deutschland ist zweifellos Andersens Abschiedsbesuch bei Ludwig Tieck in Dresden. Tieck entläßt ihn nicht nur mit dem »Musenkuß«, dem Ritterschlag zum Dichter, er ermutigt ihn zugleich, standhaft der als ungerecht empfundenen Kritik zu widerstehen.

So überrascht Andersens Bekenntnis in seiner Autobiographie kaum, daß »die Deutschlandreise von großem Einfluß« gewesen sei. Zum ersten Mal wurde er vorbehaltlos als Dichter aufgenommen und anerkannt; mit gestärktem Selbstbewußtsein und der Gewißheit, seinen eigenen dichterischen Weg gehen zu müssen, kehrt er nach Dänemark zurück. Auf dieser ersten Auslandsreise hatte er nicht nur eine Vielzahl von durchaus nützlichen Bekanntschaften geknüpft, mit denen er in engem brieflichen und persönlichen Kontakt bleibt; sehr bald schon wird ihm Deutschland durch den Erfolg der Übersetzungen seiner Romane und Märchen und die freundlichen Aufnahmen während seiner Reisen in den Jahren nach 1831 zum »lieben Deutschland«, ja, zum »zweiten Vaterland«.

Der Reisebericht *Schattenbilder einer Reise in den Harz, die sächsische Schweiz etc. etc., im Sommer 1831* erscheint in Dänemark im September desselben Jahres. Fünf Jahre später verlegt die Richtersche Buchhandlung in Breslau die erste deutsche Übersetzung unter dem Titel *Umrisse einer Reise von Copenhagen nach dem Harze, der sächsischen Schweiz und über Berlin zurück*, 1847 wird das Buch mit dem Titel *Reiseschatten von einem Ausfluge nach dem Harz, der sächsischen Schweiz im Sommer 1831* in die erste Gesamtausgabe der Werke Andersens im Verlag von Carl B. Lorck in Leipzig aufgenommen. Die Ausgabe ist allerdings um sämtliche radikalen Ideen, um politische, religiöse und erotische Anspielungen und Passagen, satirische Bemerkungen und persönliche Späße gekürzt – zurück blieb ein entschärfter, ja, bis zur Ungefährlichkeit verstümmelter Text, brav und frei von jeglicher Brisanz. Erstaunlicherweise nimmt Hans Christian Andersen ebenfalls wesentliche Kürzungen am dänischen Originaltext vor, als 1854 die Ausgabe der *Samlede Skrifter (Gesammelten Schriften)* in Dänemark ansteht. Möglicherweise hatte der inzwischen etablierte Dichter und regelmäßige Gast europäischer Fürstenhäuser Angst vor der eigenen Courage, die er vor über zwanzig Jahren als liberaler junger Autor gezeigt hatte. Spätere deutsche Übersetzungen fußen auf dieser Ausgabe und liefern somit ebenfalls nicht den ungekürzten Text.

Der hier vorliegende Band *Schattenbilder von einer Reise in den Harz, die Sächsische Schweiz etc., etc., im Sommer 1831* folgt der Ausgabe *Hans Christian Andersen, Gesammelte Werke. Vom Verfasser selbst besorgte Ausgabe. 17. Band. Leipzig: C. B. Lorck Verlag 1847.* Die Orthographie wurde behutsam modernisiert, der Text durchgesehen und anhand des dänischen Originaltextes von 1831 ergänzt. Als Vorlage diente die Ausgabe *Skyggebilleder af en Reise til Harzen, det sachsiske Schweitz etc.*

etc. i Sommeren 1831. Textudgivelse, efterskrift og noter af Johan de Mylius. København. 1986. Zum ersten Mal liegt damit eine vollständige und ungekürzte deutsche Übersetzung des Reiseberichts von Hans Christian Andersens erster Deutschlandreise vor.

Ulrich Sonnenberg

Abbildungsnachweis

AKG Berlin: S. 15, 26, 43, 54, 65, 92, 98, 118, 127, 198
Königliche Bibliothek Kopenhagen: S. 9, 222
Sächsische Landesbibliothek Dresden Fotothek: S. 140
Die Abbildungen S. 158 und 174 entstammen dem Buch: *70 Mahlerische An- und Aussichten der Umgegend von Dresden in einem Kreise von sechs bis acht Meilen; aufgenommen, gezeichnet und radirt von C. A. Richter, Professor, und A. Louis Richter.* Dresden, Arnoldische Buchhandlung, 1822.

Umschlagabbildung: Myriorama, im Biedermeier beliebtes Spiel, bei dem die Karten beliebig getauscht und zu Landschaften zusammengesetzt werden können.

Hans Christian Andersen
im Insel Verlag

Märchen meines Lebens

Mit einem Nachwort von Johan de Mylius
insel taschenbuch 2738
250 Seiten

Jeder kennt das *Das häßliche Entlein*, *Die kleine Seejungfrau*, *Die Nachtigall*, *Das Mädchen mit den Schwefelhölzern*, *Des Kaisers neue Kleider* oder *Der standhafte Zinnsoldat*. Hans Christian Andersens (1805-1875) Märchen werden auf der ganzen Welt gelesen. Weniger bekannt, aber nicht minder lesenswert ist die Autobiographie, die erstaunliche Lebensgeschichte des großen dänischen Dichters: das *Märchen meines Lebens*.

»Mein Leben ist ein hübsches Märchen, so reich und glücklich. Wäre mir als Knabe, als ich arm und allein in die Welt hinaus ging, eine mächtige Fee begegnet und hätte gesagt: ›Wähle deine Laufbahn und dein Ziel . . . !‹ – mein Schicksal hätte nicht glücklicher, klüger und besser geleitet werden können.«

NF 55/1/2.01

Hans Christian Andersen
Märchen, Briefe, Geschichten

Ausgewählt von Johan de Mylius
Aus dem Dänischen von Ulrich Sonnenberg
Mit zahlreichen Abbildungen
Gebunden. 432 Seiten

In der ersten thematisch gegliederten Andersen-Anthologie, mit zum Teil in Deutschland bisher nicht publizierten Texten, zeichnet der Andersen-Experte Johan de Mylius das »Lebensmärchen« des verletzlichen und scharf beobachtenden Aufsteigers aus proletarischen Verhältnissen nach. Er präsentiert den Zeitgenossen Kierkegaards, den poetischen Philosophen, den rastlosen Augenzeugen, der ganz Europa bereiste, den emphatisch-programmatischen Verkünder und zugleich melancholisch-skeptischen Begleiter der industriellen Revolution und endlich den postromantischen und zuweilen sehr modern argumentierenden Poeten auf der Suche nach einer »Poesie der Zukunft«.
In der Kombination von Märchen, Berichten, Briefen, Gedichten und Dramenszenen entsteht ein facettenreiches Gesamtbild des Menschen und Dichters Hans Christian Andersen. Knappe Skizzen des Herausgebers führen in die einzelnen Texte ein.

NF 55/2/2.01

Hans Christian Andersen
Die schönsten Märchen

Aus dem Dänischen von Mathilde Mann
Ausgewählt und mit einem Nachwort versehen
von Ulrich Sonnenberg
insel taschenbuch 2651
257 Seiten

Neben Motiven des klassischen Kinder- und Volksmärchens und Tierfabeln stehen bei Hans Christian Andersen Geschichten, in denen er private Erlebnisse verarbeitet; Eindrücke seiner zahlreichen Reisen durch ganz Europa fließen in seine Märchen ebenso ein wie historische und zeitgenössische Ereignisse.
Annähernd zweihundert Märchen und Geschichten hat Andersen geschrieben und veröffentlicht. Ulrich Sonnenberg hat die schönsten Märchen ausgewählt und ermöglicht so einen Überblick über den erstaunlichen erzählerischen Kosmos des Dichters Hans Christian Andersen.

NF 55/3/2.01

Hans Christian Andersen
Die Schneekönigin

Aus dem Dänischen von Eva Maria Blühm
Mit farbigen Illustrationen von Birgit Ackermann
insel taschenbuch 2578
104 Seiten

Unvergeßlich ist Hans Christian Andersens Märchen von der kleinen Gerda, die sich auf eine abenteuerliche Suche nach Kay, ihrem besten Freund, begibt, der, durch einen bösen Teufelszauber seines gesunden Menschenverstandes und eigenen Willens beraubt, für die unterkühlte Schneekönigin entflammt ist und sich von ihr in die eisigen Weiten der Finmark entführen läßt. Auf ihrem langen, gefahrvollen Weg begegnet Gerda geheimnisvollen Zauberwesen, sprechenden Tieren und Pflanzen, wilden Räubern – und einem ungeahnt mutigen zweiten Ich in ihr selbst.

Hans Christian Andersens Märchengestalten sind differenzierte Persönlichkeiten, in denen sich das gesamte Kaleidoskop menschlicher Wesenszüge spiegelt; nicht zuletzt dadurch wird *Die Schneekönigin* zu einem Märchen für jung und alt.

Die farbigen Illustrationen Birgit Ackermanns fangen die nostalgische Atmosphäre der Erzählweise Andersens aufs schönste ein.

NF 55/4/2.01

Hans Christian Andersen
Weihnachts- und Wintermärchen

Ausgewählt von Ulrich Sonnenberg
Originalausgabe
insel taschenbuch 2691
124 Seiten

Die Schneekönigin, *Der Tannenbaum* oder *Das kleine Mädchen mit den Schwefelhölzchen* – in vielen Märchen und Geschichten von Hans Christian Andersen tauchen Weihnachts- und Wintermotive auf. Es sind Geschichten und Gedichte, die uns von der Sehnsucht wie von der Erlösung erzählen, von Geburt und Tod, vom Glauben und visionären Verklärungen ebenso wie vom Wechsel der Jahreszeiten und der neu erwachenden Natur im Frühling.
»Jeder auf dem Schiffe draußen fühlte sich auf seine Weise durch den Gesang und das Gebet erhoben, ebenso wie der alte Baum sich erhoben fühlte in seinem letzten, seinem schönsten Traum in der Weihnachtszeit.«

NF 55/5/2.01

Michael Maar
Die Feuer- und Wasserprobe

Essays zur Literatur
Leinen. 240 Seiten
Suhrkamp

In den letzten Jahren entstand ein zunehmendes Interesse an Hans Christian Andersens faszinierender Persönlichkeit, deren Bild Michael Maar in seinem Buch *Die Feuer- und Wasserprobe* zeichnet.
Mit detektivischem Spürsinn begibt er sich in die Tiefen bekannter und unbekannter Werke von Andersen, Proust, Nabokov u.a. und kehrt mit staunenswerten Funden zurück. Leiden und Größe der Meister – das Werk im Leben, das Leben aus der Sicht des Werkes.
In *Die Feuer- und Wasserprobe* etabliert sich Maar als Literaturkritiker und -wissenschaftler ersten Ranges und als ein Autor, der seine Leser intelligent zu unterhalten versteht.

NF 55/6/2.01

Deutsche Grammophon

LITERATUR

8 CD 439 600-2

ISBN 3-8291-1141-X

Däumelinchen · Das Feuerzeug · Das hässliche Entlein · Das kleine Mädchen mit den Schwefelhölzern · Das Sparschwein · Das Wichtelmännchen · Der fliegende Koffer · Der kleine und der große Klaus · Der Mistkäfer · Der Schneemann · Der Schmetterling · Der Schweinehirt · Der Springer · Der standhafte Zinnsoldat · Der Tannenbaum · Des Kaisers neue Kleider · Die kleine Meerjungfrau · Die Nachtigall · Die Prinzessin auf der Erbse · Die Schnecke und der Rosenstock · Die Schneekönigin · Die wilden Schwäne · Es ist ganz gewiss Hofhahn und Wetterhahn · Mutter Hollunder · Tölpelhans · Was Vater tut, ist immer gut

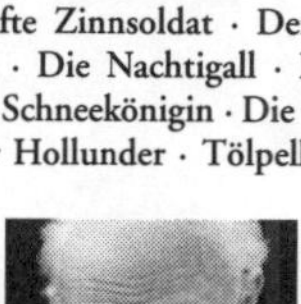

Manfred Steffen
Foto: Andreas Laible